餐桌上的歐遊食光

歐洲華文作家協會──著

麥勝梅──主編

序一──我的美食滄桑

歐洲華文作家協會創會會長、永久榮譽會長　趙淑俠

　　歐華又要出新書了，主題是目前最流行的「美食」，而且是具歐洲特色的美食。組稿人麥勝梅一開始就來電相邀，說「妳在歐洲住了那麼多年，朋友多，一定吃過不少好東西。」她要我供稿一篇，參加陣容。

　　我在歐洲住過三十多年，朋友中西方人多過華裔，亦走過不少地方，確實吃過不少特殊風味的佳餚，可惜因當時生活忙碌，沒有閒情逸致去研究方法。再說因歲月太久遠，記不清了。「我只會吃美食，寫不出美食」，這樣的答覆當然令勝梅失望，好在她相信我說的是實情，兩人很快的達成共識，循慣例：寫序言一篇。

　　這本文集包涵十七個國家，四十四篇美食文章，出自二十八位歐華作者之手。我一邊看著一邊便悠悠然沉浸在一種莫名的感動之中。十七個國家中我唯一沒到過的只有俄國，但我人生記憶中吃的第一道西餐，竟是俄國名湯。那時住北平，每隔幾天父母就帶我去吃次館子，中餐吃多了，我常常吵著要吃西餐。記得是到東交民巷的使館區，那家蕃菜館彷彿是白俄人開的，他們很會燒湯，我們吃過羅宋湯，奶油洋蔥湯，也吃過顏色紅紅綠綠的湯，不知是否就是白嗣宏文中所說的：紅菜湯、綠菜湯！

綜合四十四篇美食文章，給我的感覺有四點：

一、吃與民族性、地域性相關。幾次去北歐，一眼望去只覺得
　　天闊地廣，顏色淡淡的。品嘗他們的食物後，覺得也較清
　　淡，不像地中海國家吃食味道濃烈。

二、感到人住久了一個地方，味蕾會入境隨俗，正如勝梅言：
　　愈來愈覺得吃西餐便是一種浪漫氣氛的享受。

三、飲食習慣會拉近人與土地的感情。出國前我沒喝過咖啡，
　　連茶也不喝，只飲白水。六〇年初我在瑞士學美術，一位
　　女同學結婚要我做儐相，我欣然答應，自覺穿上緞子繡花
　　旗袍會給她婚禮增加亮點。想不到婚禮前一天，在她娘家
　　的宴會上，喝了一杯土耳其咖啡，使我精神抖擻得一夜沒
　　合眼。第二天掛著兩個黑眼圈，萎靡不振的做了女儐相。
　　從此我便視咖啡如毒藥。想不到的是後來濃濃的咖啡成了
　　我每日必喝的飲料，一天都不能沒有。對之雖不如高蓓明
　　懂得的那許多名目，可蓋起來也能如數家珍。可悲的是，
　　目前聽醫生話，已五年沒沾咖啡了。

四、食物會令人產生鄉愁。在歐洲吃慣了黑麵包，外脆內鬆，
　　吃起來滿口芳香。美國的麵包軟得像海綿。看李永華說捷
　　克的麵包湯，我的嘴和胃頓覺鄉愁繚繞，如果不是美國禁
　　止進口，真想要誰寄一個來。

在歐洲的那些日子，我們當然有自己的社交圈子，朋友不少，
相互宴請是免不了的，一九六幾年代是我請客的黃金期，那時我做
美術設計工作，一星期五天上班，沒有小孩，週末便和朋友應酬。

不單有一間佈置古雅的餐廳，還有特別訂製的刀叉和精緻的全套磁器，雖然是烹飪外行，但時勢造英雄，旁邊沒有內行：整個蘇黎士省沒有中餐館，據說全瑞士只有三家賣中餐的，都在法語區的日內瓦附近。物以稀為貴，五十年前，一條糖醋鯉魚竟要賣一百瑞郎。

出國之前，幾乎很少進廚房，到歐洲後才把「做飯」當回事來看。但也並沒在烹調上真下功夫。雖然有了光鮮的宴客器具，做出的東西卻是十分尋常。

洋人注重酒，每次請客好酒至少要準備三，四種。前餐菜通常是鍋貼或水餃，主菜是一葷一素，葷菜多半是紅燒牛肉，或栗子燉雞，也許是獅子頭，素菜不外是炒時令青菜。都是以前臺灣家裡常吃，摸著邊際依樣畫葫蘆抄來的。甜品類總是買個現成的大蛋糕。實在是家常又平常。但那時絕大多數的瑞士人根本沒見過中國餐飲，吃我那不入流的菜肴就以為是中國美食了。他們最欣賞餃子，稱之為Dumpling，那些洋朋有都叫我「蘇茜」，蘇茜家的Dumpling是出名的。

我便這樣過了好幾年。後來，有了兒女之後，一心只在餵養幼兒的範疇裡打轉，啄磨怎樣能把小傢伙養得更健康，接著又寫起了文章，每日彷彿活在被追趕似的忙碌中，無暇再請客。孩子們漸漸長大，一家幾張嘴和肚子要填飽，好在他們並不要求特殊美味，我原有的那點手藝，加上從閨密薏蒂那兒學來的烘烤花樣，甚麼披薩、洋蔥餅，尤其是用自己院子裡的水果，烤製的蘋果、李子、櫻桃之類的多種糕餅，最得他們的喜愛。聖誕時和孩子們一同做節日小點心，母子同樂，至今想起來仍無限溫馨。

　　那是八〇年代前後，是我寫作最忙碌的階段。長篇小說一本本的出版，幾十萬字一寫就是一兩年，或三四年，睡眠越縮越短。思緒忘我，數次手上寫興正濃，忽聞肉糊味撲鼻香，揭開鍋蓋一看，只見滿眼焦黑。而先生常忍不住透露：見到朋友甚覺尷尬，因為已經多年沒請來家吃飯，甚麼說詞都覺不對勁。

　　他的話給了我極大壓力，可說正觸動我的心病：幾年來朋友們依然請我們去吃喝歡談，並未因我不請他們而表現見怪或不悅，有幾家相近的，知我因孩子緣故不願晚上外出，便安排在星期日中午，要一家人全去。在這樣的盛情之下，我竟數年不回請，就算那些寬厚的洋朋友不介意，我也自覺慚愧。於是，我包下一間高級餐館的大廳，佈置得美侖美奐，每桌都備有鮮花和美酒，訂了一百多人份豐富美味的自助餐，肉類包括燻鮭魚、烤雞、烤豬肉、煎牛排等八種，甜品六種，其他青菜，各式沙拉應有盡有。餐館方面非常用心的裝飾了一個既華美又引人食慾的大餐台。

　　朋友們見我們如此大陣仗的宴客，直覺的認為必有大事，直問是否我或他過生日？直到我登台講話，才明白確是只單純的要跟他們相聚。我說：「今天不是誰的生日，也不是甚麼紀念日，請你們光臨，只因想念老朋友。這些年，我活得忙碌，每天寫作，也像普通主婦一樣，需要打理一個家。心裡雖然想做餃子（Dumpling）給朋友們來享用，聊天，卻是辦不到了。此刻請名廚調製了美食，大家歡聚一堂……」。跟著我的話，有位帶了吉他的先生，上台唱他即席做的新歌，歌名是「蘇茜真好」，他邊彈邊唱，滿場笑聲連連。party直到深夜才散，大家都表示吃得滿意，玩得高興。

歐洲文化底蘊深厚，其中包括吃的文化，北歐，南歐，中歐，西歐和東歐，那麼多國家，每個國家有自身的特色，想起那年應僑胞之邀去西班牙演講，會後承莫索爾一家接待，他的夫人和只有六七歲的女兒，一起陪著遊逛，中午還請吃出名的海鮮飯（Paella）。我這個烹飪大外行，當然搞不清那香噴噴的海鮮與飯是怎樣煮成的。只知美味好吃，後來在別國也吃過海鮮飯，味道可就差遠了。

　　麥勝梅描寫的蘆筍，讓我情不自禁的想起瑞士的春天，那正是吃蘆筍的季節。蘆筍是蔬菜中我的最愛。但因要一根根的削去外面的硬皮，要用大鍋蒸，對我都是麻煩事，便很少做這道菜。好友絲艾娃有個別墅在波頓湖上。大院子約佔一畝地，其中一面緊沿湖岸，有自己的碼頭，拾級而下是綠遴遴的湖水，兩米之外繫著一艘電動快艇。那時每到春天，絲艾娃和她的實業家夫婿，總邀我們一家去看湖水，吃鮮嫩的蘆筍，飲著美酒談天說地，只感清暢悠逸。

　　最後一次回瑞士是2008年的春天，絲艾娃照例邀我去小聚，也請了另兩位至友，莉蓮和伊莉莎，並叫我們早些去，別錯過看湖上黃昏。

　　天上瀰漫著淡淡的灰色雲霧，暮靄蒼蒼中感覺到有份沉重。喜的是那並不妨礙湖水的清幽之美。湖對岸是德國小村，文學家赫塞青年時代住過的地方。赫塞曾說：他的心中有個「風暴地帶」。風暴來時，如果不跑到湖邊去排遣，就得趕快坐到書桌前，讓一陣陣的狂風暴雨，沖擊出滔滔不絕如浪如濤的文字，那是人間美麗的見證。是文學。

幾個女人，都被歲月摧殘得不再年輕。最擅運動，曾是滑雪，滑水高手的絲艾娃，走路時左腿蹣跚，不良於行。但相聚總是快樂，喝著紅葡萄酒，頻頻舉杯相碰。這時，女管家特伊太太已把蒸得熱騰騰，軟硬合度的大盤蘆筍端上來了。我們品嘗著春筍，笑呵呵的再碰杯，黑眼珠和藍眼珠裡都盛滿微醺的矇矓，只覺得空氣飄浮的又是音樂又是詩。

這本美食文學《餐桌上的歐遊食光》，是歐華作協文庫第十本文集，從最早的《歐羅巴的編鐘協奏》到近期的《歐洲不再是傳說》、《東張西望：看歐洲家庭教育》、《歐洲綠生活：向歐洲學習過節能、減碳、廢核的日子》，可說越來越務實，越接近大眾的實際生活。《歐洲不再是傳說》寫出了歐洲的人文精神，同時也發揮了旅遊指南的作用。《東張西望》專談歐洲的幼兒成長和教育。《歐洲綠生活》觸及到目前的生活面。臺灣為環保、廢核、食安等問題煩惱不休，真應該仔細讀透這本書，借鏡一下歐洲人如何過「綠生活」。

《餐桌上的歐遊食光》即將出版，內容儘是令人垂涎三尺的美味，而「介紹」「指南」的功能更不能忽略，從這本書，你會知道番茄乾經過油泡會成美味，維也納不僅是音樂之都，美食也甲天下。巴黎是浪漫的藝術中心，但楊允達告訴你：文雅的巴黎人愛吃馬肉。

序二——歐洲食旅

歐洲華文作家協會會長　郭鳳西

　　一群愛好文學的華人，偶然相遇在歐洲這塊美麗多元化的土地上，相知、互賞使貧乏孤寂的寫作園地變得豐富有活力起來，而不再覺得是被遺棄了的邊緣人物。

　　這本《餐桌上的歐遊食光》是我們歐洲華文作家協會的第十本書，以各地美食為主題，用散文抒情筆法，收集的都是作者們親身經歷體驗，有許多奇特未聞的際遇，讓我們可神遊歐洲美麗山河外，尚可閉上眼睛品嘗每個國家特殊的菜色，各地美味。

　　飲食與文化分不開，學問很深，要不怎說「富過三代始知吃穿」，我會文友在歐洲生活了二、三十年，對各地的飲食文化有比較深入的瞭解，雖不是美食家，但天生愛吃、愛玩、愛旅遊，加上有枝可寫的筆，有這個機會就可道盡一些觀光客不知道的佳餚美酒，所以這書包函了東歐、西歐南歐、北歐及中歐的特色美食，以麥勝梅秘書長為首的編輯小組，煞費苦心，向散居歐洲十多國家的文友催稿，並為全書的和諧平衡，修改增減，非常辛苦，感謝她們。

　　這本書含蓋了，德國豬腳、肉餅、蛋糕，挪威的鹿肉，及蘆筍、南瓜、洋蔥、番茄、野韭菜等食材的各種料理。里昂的美食、捷克黑麵包、地中海飲食、加上馬鈴薯各種不同的做法，也談到歐

洲酒莊、維也納酒莊、法國美酒。連各地有名咖啡館、德國特色咖啡及啤酒，總之包羅萬象，應有盡有，非常有看頭。

　　本書並非一般的美食旅遊文集，內容豐富，一飲一食，皆會讓讀者耳目一新的。

序三——醞釀中的味蕾宴饗

歐洲華文作家協會祕書長　麥勝梅

記得小時候，吃飯是一件快樂的事。

那個時候，父親經營一家粉筆工廠，由於家裡本身就是一個小工廠，母親和外婆每天總要為這個「大家庭」準備飯菜，到了吃飯的時候，常聽到父親在飯桌上對他的員工說：「吃飯！吃飯！民以食為天，吃飯皇帝大！吃了再說！」

父親貼心的一句話，讓勤奮工作的員工也吃得理直氣壯，每餐飯的菜餚和米飯都吃得乾乾淨淨，掌廚的母親和外婆也感到很有成就感。

旅居德國多年後，每每想起父母親當年胼手胝足創業的辛勞，和吃飯時母親把熱騰騰菜餚端出來的情景，仍然會湧出無比的溫馨感。

歐洲人很重視家庭生活，一家人在一起「吃飯」不僅是為了解決肚子的飢飽問題而已，更是對親人的一種關懷。有一句名諺說：「愛是從胃裡開始的」，意思是要有幸福的家庭，就必須先抓住心愛人的胃。我相信，能吃到關心自己的人做的菜，是一種無比幸福的，相反的，可以做菜給自己心愛的人吃，也是一種幸福。

其實，不管是為了誰，下廚對我來說是一件天經地義的事。

　　說起下廚，我又相信「慢火」出細工這一句話，除非你是天生的名廚，隨手拈來便能煮出一道令人垂涎三尺的佳餚，不然的話，你事前必定先下了一翻工夫，不僅要學會切滾刀塊的手藝，即使是如何調味才適宜，也是一種學問。

　　我深信，味覺並非一日一朝醞釀出來的，而是長年累月的熏陶。

　　品嘗食品，尤其是外來的菜餚，更需要用心品嘗，要愛上一種陌生的食品並不是一件簡單的事。我個人對家鄉菜有一份執著，吃中式的菜餚時，總有一種大快朵頤的感覺，每每過年過節的時候，舌尖總是變得更加挑剔，隱隱約約，還帶著一絲絲鄉愁。

　　然而，時間靜靜地流走，隨著也對異國飲食文化有新的體驗，先是嘗味，再來就是吸收和調適自己的品味。尋常的飲食說來並不尋常，愈來愈覺得吃西餐便是一種浪漫氣氛的享受。

　　在歐洲偶而上餐廳用餐，發現有一道不成文的用餐順序，就是先上一道麵包配黃油，再來是喝濃湯或清鮮的沙律菜，接著才是主菜上場，吃了以肉類、海鮮主菜之後，飽足感已達到八九分，最後還有一道色香皆全的甜品，往往叫人難以拒絕。但是我的老外朋友們往往吃完甜品後，還會再喝一杯烈酒或咖啡！這樣一路吃下來，才叫一個完美的全餐。

　　2015年春天，秀威主任姣潔小姐提出了一個出書的計劃，題目是「我和我歐洲朋友怎樣吃」，這個題目太有魅力了，會長郭鳳西立即響應，並推舉黃雨欣、朱頌瑜、穆紫荊和我四位理事為本書執行編撰工作。從2015年夏天開始，我們陸續收集了四十四篇文圖並茂的美食文章，感謝二十八位歐華作者記載下一頁頁的食緣，才有

如今的餐桌上的文化地圖，到了2016年春天，秀威編輯盧羿珊小姐告訴我，書名改為「餐桌上的歐遊食光」。

作為編委之一的我，深刻領會到作者們敏銳的味覺，而他們筆下的飲食觀感，總是帶著特別的味蕾芬芳，像是庭園涼亭的清風不斷吹拂在臉上，自始至終，吸引著我。

每當我獨自坐在書房閱稿時，經常浮現著這樣的畫面：春天裡他們結伴到郊野採野韭菜，或獨自提著菜籃到菜場上去挑選新綠的、白淨的蘆筍；夏天遊橄欖園或在自家的菜園子裡摘番茄；入秋時他們提著菜籃子，裝滿了結實的馬鈴薯、金黃的南瓜和形如蓮花的洋薊，懷著歡喜的心情，像艷陽裡七彩繽紛的氣球，他們為讀者端出一道又一道的美食來。

對於歐華作家喜愛逛市集興趣和他們的烹調絕技，我絲毫沒有懷疑過。他們耳濡目染，長期浸淫在味蕾的旅行中而不自覺，這次為美食書徵稿，正好是一個好機緣，將他們多年來的心得付之於文字上，並且毫不吝嗇地，和讀者一起分享歐洲各地的有關食材、名菜、酒文化和咖啡廳的故事。

追根究底，西餐的烹調是歐洲人生活的傳統，又是承載著千年文化的生活技巧，怎樣燒一道在地歐式的菜餚，已經成為在地人不可缺乏的生活藝術。

歐洲，每個國家的美食都各自有它的源流和特色。本著這樣的信念，編委收入了四十四篇名菜於書中，包涵了北歐（瑞典、挪威和丹麥），南歐（西班牙、義大利和希臘），中歐（德國、瑞士和奧地利），西歐（英國、荷蘭、比利時和法國），東歐（俄國、捷

克、波蘭）和橫跨歐亞的土耳其等十七不同地區的飲食地圖，不管從飲食文化、民族歷史的角度來看，相信本書的每一道菜餚都是讀者味蕾誘惑的祕境。

2016/02/12

序四——送你一桌精神佳餚

歐洲華文作家協會副會長　黃雨欣

　　在歐華作協2015年西班牙巴賽隆納的年會上，有幸接到了參與編寫歐洲美食文集——《餐桌上的歐遊食光》的任務，說實話，當時並未意識到，編輯這本書和以往為協會擔任編輯會有什麼不同，畢竟，寫作出書是作家最通常的工作狀態，就像活躍在其他領域的工作者每天出門上班一樣，更何況，我們協會近十年已經和臺灣秀威科技出版社合作，成功地編輯出版了多部題材迥異的會員專輯。以往的經驗無論對我們編委人員還是對協會裡筆耕勤奮，作品豐富的文友而言，都增強了完成這本專輯的信心。於是，巴賽隆納年會一結束，我就和德國文友穆紫荊，瑞士文友朱頌瑜一起，在主編麥勝梅大姐的帶領下，積極地投入到這本書的編輯工作中。

　　徵稿資訊通過協會的公共郵箱一發出，就接到了文友們踴躍的選題申報，在文章內容尚待撰寫之前，只憑琳琅滿目的文章標題就令人垂涎欲滴了：從北歐的馴鹿佳餚到南歐的鱈魚蛋撻；從中歐的美酒咖啡到西歐到馬肉，橄欖油；其中不乏天然美食，如法國的野韭菜，德國的蘆筍，洋薊等等……看到這些令人目不暇接的標題，編委們不禁對歐洲各地文友們的作品，興奮中滿懷期待。

　　進入編輯工作狀態後，我們編委人員達成了一個共識：為了保

證這本歐洲美食專輯的品質，充分體現我們協會文友的寫作水準，力爭收進專輯的每一篇文稿，既符合文字上所描繪的色香味俱全的美食標準，又得展現歐洲不同國家的地域特色和當地人的飲食文化，更重要的一點，寫作者的個人情感不能缺席，因為這不是一本歐洲美食菜譜，而是歐洲的華文作家們以文學的觸角來闡述美食的真諦，並通過歐洲美食來向讀者打開一扇暸解當地生活習慣和風土人情的視窗。

這時，遇到的第一個難題竟然是來自我們編委自己。我們四個不同年齡段的編輯，個性不同，人生閱歷不同，寫作風格更是大相徑庭，所以，經常對每一篇文稿的評價頗有爭議，有時紫荊讚賞的我會覺得過於抒情了會影響讀者對美食的品味，有時我認為一氣呵成讀起來甚是過癮的，頌瑜會覺得把段落調整一下會更有文學性⋯每到這時，勝梅姐總能從全書的整體內容出發，把控大局。

顯然，按照我們認定的標準來衡量每一篇文稿，無疑為編委們增加了繁重的體力和腦力勞動，為了給讀者呈現一桌豐富多彩的歐洲佳餚，我們編委人員必須身先士卒，拋開雜念，奉上自己的拙作當試驗田，供編輯們大刀闊斧施展身手，只有我們自己的作品過關了才有底氣來編輯和品讀其他作者的。接下來，我們把經手的每一篇文章都當作一份精神佳餚來炮製，把每篇文章的主題每一個段落的構建甚至每一句話都當作炮製這份美味的上好食材和配料。先是編輯內部幾經周折達成共識，然後再和作者反復溝通，直到編輯作者雙方都認可，如此這般經歷了數不清的討論和磨合，《餐桌上的歐遊食光》終於可以欣慰地呈現給讀者了。

編輯《餐桌上的歐遊食光》，我個人雖然感到忙碌勞累，同時內心也充滿了快樂，每一次參與歐華作協作品的編輯工作，我都能從其他編委成員身上學到很多優秀的品質，這次也如此，勝梅姐勤勞敬業一絲不苟的作風，紫荊顧大局知退讓的溫婉，頌瑜小妹思維敏捷與洋溢的才情，都令我受益匪淺；通過編輯文友們的文章，我有幸能夠第一時間欣賞到他們作品，或嚴謹論證，或直發胸臆，或白描，或抒情，所言美食橫跨歐陸，編輯的同時，也是我向他們學習的過程，我很珍惜這個機會，它讓我和歐華作協一起成長。

2016/03/12　德國柏林

CONTENTS
目錄

序一　我的美食滄桑

　　歐洲華文作家協會創會會長、永久榮譽會長　趙淑俠　003

序二　歐洲食旅

　　歐洲華文作家協會會長　郭鳳西　009

序三　醞釀中的味蕾宴饗

　　歐洲華文作家協會祕書長　麥勝梅　011

序四　送你一桌精神佳餚

　　歐洲華文作家協會副會長　黃雨欣　015

作者簡介　024

Part I　極光，舌尖跳舞
北歐──瑞典、挪威、丹麥

1. 瑞典海鮮，鮮味天成　／黃雨欣　036

2. 在瑞典吃烤「手風琴馬鈴薯」　／朱頌瑜　043

3. 來自北極的饋贈──挪威馴鹿肉餡　／郭蕾　047

4. 在丹麥吃水煮鱈魚配芥末醬　／朱頌瑜　054

5. 丹麥聖誕大餐──玉爾節的飲食傳統　／池元蓮　060

6. 走近丹麥人的聖誕餐桌　／文俊雅　066

Part II 一口，蔚藍地中海

南歐——義大利、西班牙、希臘、葡萄牙

1. 美味的義大利小吃——油泡番茄乾　／朱頌瑜　072

2. 漫話披薩　／高關中　077

3. 在義大利做客　／方麗娜　084

4. 美味的西班牙傳統菜　／莫索爾　089

5. 西班牙餐飲與我　／張淡浪　094

6. 希臘餐桌好「食」光　／麥勝梅　099

7. 葡萄牙美食：烤鱈魚和蛋塔　／高關中　105

Part III 樸食，散步

中歐——德國、瑞士、奧地利

1. 滿山遍野蒜飄香——野韭菜　／區曼玲　114

2. 蘆筍的季節　／麥勝梅　119

3. 黃金十月、美味南瓜　／區曼玲　125

4. 說吃蔬菜之神——洋蔥　／王雙秀　130

5. 千姿百樣話馬鈴薯　／鄭伊雯　135

6. 鄉村小館　／穆紫荊　140

7. 德國北威州鐵三角的特色咖啡　／高蓓明　145

8. 德國豬腳的遐想　／謝盛友　151

9. 德國朗客熏啤　／謝盛友　156

10. 復活節彩蛋與節慶　／倪娜　161

11. 德國人怎麼過耶誕節？　／倪娜　167

12. 漢斯食譜終極版──德國肉餅　／黃雨欣　175

13. 浪漫的德國美味蛋糕　／鄭伊雯　179

14. 黃金薯餅，淡處見真味　／朱頌瑜　184

15. 獨一無二的維也納酒莊　／方麗娜　189

16. 美食天下維也納　／常暉　194

17. 奧地利飲食雜談　／俞力工　200

Part IV　喝吧，無與倫比的浪漫

西歐──英國、法國、荷蘭

1. 英國國菜：炸魚和薯條　／西楠　208

2. 巴黎人愛吃馬肉　／楊允達　213

3. 普羅旺斯的橄欖油　／高蓓明　216

4. 美酒在法國　／楊允達　223

5. 永遠的小瑪德萊娜　／黃正平　228

6. 我比國鄰居的拿手菜　／郭鳳西　　　235

7. 荷蘭土菜　／丘彥明　　　239

8. 荷蘭人愛「派對」　／丘彥明　　　247

Part V　　**聽，刀叉的撞擊**
歐亞交界——俄國、捷克、波蘭、土耳其

1. 俄國名湯及其他　／白嗣宏　　　256

2. 捷克麵包湯——生命的源泉　／李永華　　　264

3. 食在波蘭　／高關中　　　269

4. 味蕾上的土耳其香草　／高麗娟　　　274

5. 葡萄葉飄香　／高麗娟　　　280

6. 土耳其茶道　／蔡文琪　　　287

黃雨欣

生於1966年，定居柏林。現任歐華作家協會副會長，長期從事寫作，作品題材廣泛，涉及散文，小說，影評等，連續十五年擔任柏林電影節特約記者，近年來創作大量反映海外華人求學，求生存以及移民二代成長經歷的長，短篇小說。2005年創辦柏林雨欣中文學校，教學成績斐然，所輔導的學生連續多年在國際上榮獲華文作文競賽大獎。著有小說卷《人在天涯》（秀威資訊，2009）；隨筆卷《歐風亞韻》（秀威資訊，2009）等。

朱頌瑜

嶺南廣府人，70後，現居住瑞士。16歲開始發表文章，現為歐洲華文作家協會理事、瑞士資訊官方網站中文部記者。童年時成長於草木葳蕤的珠江水鄉，在一個布滿荔枝花的小村莊度過人生最重要的織夢年華。傳統文化和遼闊大地是日後文藝之路的啟蒙之源。熱愛鄉村生活。熱愛傳統民間文化。熱愛以文字和美學的溫度修身、取暖。願以有限的能力為天地間的真善美鍍上一層手溫，融入文字，折疊於紙上，折疊於你的心中。散文代表作：《天地暉映契闊情》、《荔枝花開》、《揮春，遊子紅色的夢》等。

郭蕾

祖籍中國江蘇，音樂學碩士。小說、散文等文學作品發表於《光明日報》、《青海湖》、《太湖》、《北京青年報》、《青春》、《北歐華人通訊》、《紅杉林》等海內外報刊雜誌。現居挪威。

池元蓮

丹麥華人，生於香港，祖籍廣東。臺灣大學外文系學士，德國政府獎學金留學慕尼黑研讀德國文學，美國加州柏克萊大學碩士。中英雙語作家，出版有中英著作十餘種，以《歐洲另類風情——北歐五國》、《兩性風暴》、《丹麥之戀》等最受讀者歡迎。《華人世界》雜誌基於池元蓮文學創作的突出性成就。2009年與其他十幾位美歐華裔女科學家、作家、運動家、影視界名人等一起遴選為「文化先鋒」。

文俊雅

筆名俊雅，原名祖籍廣東，1975年出生，應用心理學碩士畢業。曾擔任過十年的電臺及電視節目主持工作，2010年3月加入歐洲華文作家協會。歐洲寧靜閒暇的生活氛圍激發著文思，2007年以來，數十篇作品陸續發表於《海外文摘》（大陸）、《國際日報》（印尼）、《英中時報》（英）和《華人文摘》（英）、《世界日報》（美）、《紅杉林》（美）、《本月刊》（德）、《歐洲不再是傳說》（臺）等中國大陸、臺灣、印尼、英國、美國和德國報刊雜誌及文集。

高關中

1950年生，80年代移居德國，現住德國漢堡。歐華作協理事。德國華文報紙《歐洲新報》，《歐華導報》，德國《華商報》和《德華世界報》特約記者。

高關中喜愛旅行，多年來筆耕不輟，問世著述約500萬字。作品以列國風土、遊記、人物傳記、西方文化介紹，新聞報導，散文雜文隨筆為主。在大陸和臺灣出書20本，其中包括世界風土大觀一套11本（美英法德意日加俄澳和臺灣，其中美國分美東、美西兩本）。此外還為印度、日本、埃及、南非、澳大利亞、紐西蘭、加拿大、英國、德國、法國、義大利、北歐、希臘、西葡等15本地圖冊撰寫了文字說明。2015年在臺灣秀威出版《寫在旅居歐洲時——三十位歐華作家的生命歷程》。

方麗娜

祖籍河南商丘，現居維也納，《歐洲時報》特約記者。奧地利多瑙大學工商管理碩士，歐洲華文作家協會理事，中國散文學會會員，魯迅文學院第十三屆作家高研班學員。著有散文集《遠方有詩意》、《藍色鄉愁》，並入選"新世紀海外華文女作家文叢"。小說、散文常見於《作家》、《十月》、《小說界》、《中國作家》、《小說月報》、《香港文學》、《中華文學選刊》、《散文百家》、《散文選刊》等。作品被收入《世界華人作家》及歐洲華人作家文集《對窗三百八十格》、《歐洲不再是傳說》及《歐洲綠生活》、《歐洲暨紐澳華文女作家選集》等。小說《婚事》獲"黔臺杯•第二屆世界華文微型小說大賽"優秀獎，並入選《2013中國微型小說年選》。

莫索爾

　　大學外文、新聞系所畢業，長期從事新聞工作，早期在臺灣曾任編譯，為新生報撰寫影評，並在此報發表連載之《西洋音樂史話》。

　　1963來西班牙留學，三年後擔任中央通訊社駐西特派員，後派至阿根廷數年。1990年代初期退休後擔任中央日報駐歐撰述歐洲政情，間或為中副、臺港及歐洲報刊寫稿。

張淡浪

　　臺灣生的浙江人，處女星座，佛教徒。大學畢業於淡江西班牙語系。

　　1971年來西國留學，之後留在此成家、工作、當僑胞，去年剛自職場退休。退休後，也沒閒著，除了陪老伴，仍然為中華民國婦女聯合會西班牙分會、馬德里華僑學校及馬德里佛光山道場作義工。平日喜歡看好書、看電影、與好友偶而相聚共餐，覺得生活挺充實愜意。

麥勝梅

　　生於越南堤岸，現居德國。國立臺灣師範大學教育學士，德國阿亨理工大學社會學碩士。曾任成人教育中文講師，海外華文女作家協會秘書長，威茲拉市立博物館解說員。現職為德國聯邦政府翻譯員、歐華作協秘書長。

　　著有散文集《千山萬水話德國》（世界華文作家協會出版社，1999年），旅遊文集《帶你走遊德國　人文驚豔之旅》（秀威出版社，2015年9月）。編有：《文學遊》、《在歐洲天空下》、《迤邐文林二十年》、《歐洲綠生活》等歐華作協書叢。主編有：《歐洲華文作家文選》，歐洲華文作家協會出版，2004年；《歐洲不再是傳說》，（秀威出版社，2010年），《餐桌上歐遊食光》（秀威出版社，2016年）。

區曼玲

　　生於臺北，臺大外文系畢業。小時候愛做夢，喜歡唱歌、舞蹈、遙望星空，後來寄情文學與戲劇，熱衷自助旅行。九十年代初留學德國，獲戲劇與英美文學碩士，之後便在歐洲定居下來。出國留學之前，曾任英文編輯、翻譯、藝廊文化研

究員等職務。成家之後，在家專心教養兩個混血兒。因著上帝的恩典，得以從教學、寫作、研讀聖經、音樂與建築導覽中獲得滿足與喜悅。出版小說、翻譯等著作數本。

　　最新著作「留下，因為愛」，收錄九個愛情故事、九段迷惘的愛恨情仇。透過愛情、友情、親情和對生活的熱情等四個面向，和讀者共同探討愛的本質。

王雙秀

　　臺灣出生。文化大學德文系畢，曾任德文系助教，於1977年底留學德國，漢堡大學西洋藝術史博士班。1996-2002曾任《歐華作協》秘書長。

　　喜作散文、雜文與學術評論文類，之前常在中央、中華、新生、歐洲報等發表散文、雜文、藝術評論文章。漢堡散記（1998世華作家出版社）。自2000年着力網路書寫，目前歸檔整理中。

鄭伊雯

　　臺灣人，輔大中文系、輔大大眾傳播所碩士。為資深旅遊記者，曾任職於電視、報紙、雜誌社，目前旅居德國，專事歐洲生活雜記與歐洲採訪寫作。著有《尼泊爾》，《走入德國童話大道》，《阿爾卑斯山　山旅筆記》，《德國萊茵河》，《阿爾卑斯山之旅》，《德國玩全指南》等書。

穆紫荊

　　原名李晶。1962年生於上海。1984年畢業於復旦大學中文系。定居德國。自90年代中期開始寫作，作品見諸於歐美華文報刊。微型小說《無聲的日子》被《香港文學》收入2010年世界華文微型小說大展。散文《又回伊甸》獲2010年江蘇省太倉市首屆「月季杯」文學徵文榮譽獎。微型小說《一份額外的禮物》獲2013年黔臺杯世界微型小說大賽優秀獎。《外星人的故鄉》獲2014年首屆世界華人微型小說雙年獎。著有散文隨筆集《又回伊甸》和短片小說集《歸夢湖邊》。現為歐洲華文作家協會副祕書長。

高蓓明

1959年生於上海，歐洲華人作家協會會員，平時愛好旅遊、寫作，作品在海內外華人期刊、報紙和書籍上多有發表。1982年華東理工大學化學製藥專業畢業，1990年東京早稻田日本語學校結業，1995年獲臺灣中華函授學校文學專業修學證書，2002年德國Kueste經濟學院外貿專業畢業。2009年通過網路自學二年，專業考試合格，得到海外華人神學院畢業證書。1991年起定居德國，信仰基督教，參與德國殘疾人團體和德國教會的事務。

謝盛友（謝友）

1958年出生於海南島文昌縣湖山鄉茶園村，中德雙語專欄作家，歐洲華文作家協會副會長，班貝格民選市議員。德國班貝格大學新聞學碩士（1993），1993-1996在德國埃爾蘭根大學進行西方法制史研究。著有：《微言德國》、《人在德國》、《感受德國》、《老闆心得》、《故鄉明月》。

倪娜（呢喃）

歐華作家會員、北美文心社德國分社副社長、世界華人作家協會會員。現居住柏林。現任《德華世界報》主編，作品散見於歐洲華文報紙和美國《僑報》、《紅杉林》及《小說月刊》等雜誌。《心靈之舞》榮獲2014年中外詩歌散文大賽一等獎（提名獎）；《母愛，你懂的》榮獲2014年漂母杯全球華文大賽優秀獎；《他的假日沒有她》榮獲2012-2013首屆世界華文微型小說三等獎；《信仰不是財富》和《一個德國人在中國的感慨》分別榮獲2012、2013年徵文優秀獎。

楊允達

祖籍中國北平，一九三三年生於武漢，臺灣大學歷史系畢業，政大新聞研究所碩士，法國巴黎大學文學博士。曾任中央通訊社記者、駐外特派員、外文部主任。十五歲開始寫詩，一九五三年與詩人紀弦等人創立現代詩社。現任世界詩人大會主席暨美國世界藝術文化學院院長，著有詩集六本、散文集六本、詩評理論二本，翻譯詩集三本。曾獲中國文藝協會《榮譽文藝獎章》、中國新詩學會《詩教獎》、韓國漢江文化協會、外蒙古作家協會、以及印度筆會等多項文藝獎。

2011年在美國肯諾夏市舉行第三十一屆世界詩人大會時，肯諾夏市長Keith G. Bosman特別訂定2011年4月17日為Dr. Maurus Young Day，肯定他在國際詩壇的成就。他的詩已被翻譯成英、法、西班牙、斯洛瓦克、日本、蒙古、希伯萊以及韓國等八種文字出版，其中的英文和法文是他自已翻譯的。

常暉（卉納）

1966年出生於江蘇常州。1984至1991年就讀於南京大學外語系英美文學專業，獲碩士學位，畢業後留校任教。1993年初赴美國波士頓，1995年底移居奧地利維也納至今。中國《譯林》雜誌"人文歐洲"專欄作家，香港《東方財經》"國際觀察"特約撰稿人。作品主打音樂藝術和文史類評論，以及社會觀察和時政經濟類評論。出版物包括譯作《從彼得堡到斯德哥爾摩》（灕江出版社，1990年），小說《情愛簽證》（群眾出版社，1999年）和文集《難舍維也納》（江蘇文藝出版社，2010）

俞力工

1947年生於上海，祖籍浙江、諸暨。1949年隨父母遷居臺灣。1964年初中畢業即前往歐美勤工儉學。1971年留美國期間，就積極參加了海外學生開展的保釣運動。先後在舊金山州立大學、維也納大學、柏林自由大學、海德堡大學、法蘭克福大學政治系、社會學系學習與研究。1980年代起，曾一度在維也納聯合國機構從事翻譯工作，1987年由德國遷居奧地利，維也納。1990年代以來專業寫作之餘，還應邀在世新大學新聞傳播系擔任國際政治學課程與評論寫作教授。曾任歐洲華文作家協會三屆會長。現為國際政治評論專欄作家，世新大學、廈大等學府的客座教授。

李永華（老木）

祖籍中國聊城。捷克華僑商人和華文作家。曾學習電子學、法學、農學等。1993年起任捷克金橋有限公司總經理，創辦捷克最早的華文報紙「商會通訊」。和參與創辦「捷華通訊」和「布拉格時報」兩家報紙，為報紙撰寫了大量社論、新聞、通訊、評論及詩歌、散文、小說等文學作品。2001年加入歐洲華文作家協會。2006年與捷克文友創立了「捷克華文作家協會」任首任會長。著有「老木詩選」、散文集「石子路」、中短篇小說集「垂柳」、長篇小說集「新生」、隨筆「直覺世界」及評論文集「心係故園」和捷克華文作家合集「布拉格花園」。

西楠

　　80年代生，旅居倫敦女作家、詩人，著有長篇小說《紐卡斯爾，幻滅之前》——獲首屆 "紫金人民文學之星" 長篇小說類提名獎、現代詩集／攝影集《一想到疼痛我便想起我的小腹》，與人合譯著有小說集《老人與海》（海明威著），等；詩歌作品散見《花城》、《詩歌月刊》、北美《世界日報》副刊、《新大陸》詩刊等海內外多處，入選《中國當代詩歌選本》、《第33屆世界詩人大會年選》等；曾任媒體記者、編輯、翻譯、BBC中文部網站專欄作家；歐洲華文作家協會會員、世界詩人大會會員、海外 "文心社" 英國分社副社長，倫敦政治經濟學院比較政治學碩士，NGO志願者。

黃正平

　　1952年12月生於上海，1985年華東師範大學中文專業畢業，獲文學學士學位，後在上海大學文學院擔任編輯和教師。九○年代赴瑞士留學，2000年獲日內瓦大學文學博士學位。現在瑞士日內瓦一家公司任職。主要作品有：-L'image poétique comme phénomènepsychique（法語專著《作為心理現象的詩歌意象》），伯恩Peter Lang 出版社，2001 年。-《現代藝術》（L'art moderne），譯著，吉林美術出版社，2002年。《日內瓦和瑞士法語區》，社會科學文獻出版社，2004年。《情迷瑞士》，上海錦繡文章出版社，2014年。

郭鳳西（鳳西）

　　1943年8月19日出生於中國陝西西安，1949年隨父親及家人，遷居臺灣，1968年，臺灣文化大學商學系畢業，同年來比利時與同校講師黃志鵬君成婚，育有二個女兒，旅居比利時已40多年，曾任旅比華僑中山學校校長，現任比利時比京長青會會長。1991年參加歐洲華文作協，是創會會員及理事，2001年起任秘書長，現任歐洲華文作協會長。文章以散文，遊記，雜文，名人傳記為主，自1974年起在海內外各大報章雜誌發表，著作「旅比書簡」、「黃金年代的震撼歲月」、「歐洲剪影」、「牽手天下行」等六本書，其中二本是合集。曾得臺灣中央日報創作獎，平順自在是生活目標。

丘彥明

原籍中國福建，生於臺灣，現居荷蘭從事寫作、繪畫，蒔花種菜。臺灣文化大學新聞系畢業、政治大學新聞研究所碩士、比利時布魯塞爾皇家藝術學院油畫系肄業。深圳商報文化副刊專欄作家，藝術家雜誌、藝術收藏＋設計雜誌海外特約撰述。曾任臺灣中國時報記者、編輯，聯合報副刊編輯，聯合文學雜誌總編輯等。1987年獲臺灣金鼎獎最佳雜誌編輯獎。2000年獲聯合報十大好書獎及中國時報十大好書獎。另在臺北、比利時、荷蘭舉辦過個人畫展及參與聯展。著有《浮生悠悠》、《荷蘭牧歌──家住聖安哈塔村》、《在荷蘭過日子》、《踏尋梵谷的足跡》、《翻開梵谷的時代》、《人情之美》（舊版、新版）等書。

白嗣宏

1937年生，中國河南省開封市人。1961年畢業于蘇聯國立列寧格勒大學。中國作家協會會員（1984年）、中國戲劇家協會會員（1983年）、歐華作協會員、國際經濟學會會員。本人主要從事俄國文學、俄國戲劇和俄國國情研究；著有文藝評論、國際評論（《從集權到民主》、《民主的困惑》等）、散文、短篇小說，《白嗣宏文存》六卷；文藝論著；主編《外國抒情小說選集》12卷。譯有長篇小說《一年四季》、《三夥伴》等，劇本《托爾斯泰戲劇集》、《果戈理戲劇集》、《阿爾布卓夫戲劇選》；短篇小說集《變色龍》；電影劇本《這裡的黎明靜悄悄》等。

高麗娟

臺灣大學中文系畢業，土耳其安卡拉大學文學碩士，曾任《八十年代》、《亞洲人》、《暖流》雜誌編輯，歷任土耳其國立安卡拉大學漢學系專任講師、土耳其國際廣播電臺華語節目編譯與主持人。

2002年加入歐華作協，為中國時報特約撰述。2005年以《走過黑海的女人》一文，獲得香港明報主辦的世界華文旅遊文學徵文獎入圍獎。著有《土耳其隨筆》（2006年，安卡拉大學出版社）《從覺民到覺醒》（2008年，玉山社）。

蔡文琪

　　生於臺灣的雨港基隆，長於基隆與臺北。世新大學畢業，美國紐約理工學院藝術傳播碩士，芬蘭赫爾辛基大學博士研究。做過編譯，電臺翻譯，播音，記者，外交官夫人，使館專員。現為土耳其國立中東技術科技大學社會科學院亞洲研究所講師。著有《土耳其古文明之路》，為《MOOK土耳其》共同作者，其他作品分別被收入《在歐洲天空下》，《歐洲暨紐澳華文女作家文集》。

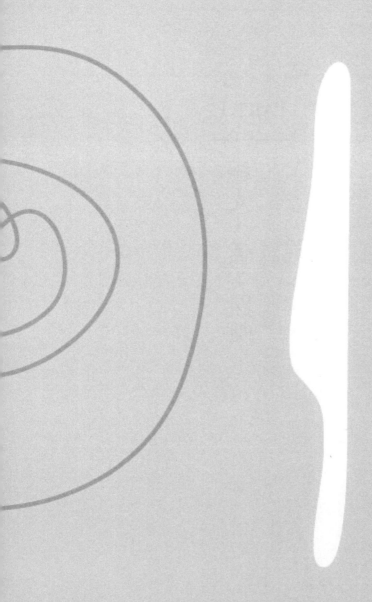

PART I

極光，舌尖跳舞

北歐——瑞典、挪威、丹麥

1. 瑞典海鮮，鮮味天成

黃雨欣

　　哥德堡不但是瑞典的一座海港城市，更是北歐國家最大的港口之一，素有「綠色之都」的美譽。黃昏時分，漫步約塔河畔，「海盜船歌劇院」恰似一艘泛著熒熒燈火的巨輪，向我們緩緩駛來，與之遙遙相對的是桅杆林立的「哥德堡號」遊輪酒店，還有高聳入雲的「口紅大樓」在晚霞的映襯下妖嬈多姿，給這座海港城市平添了幾分嫵媚。

　　瑞典的極地海鮮久負盛名，來到哥德堡更不能錯過海鮮美食，而能夠在聞名遐邇的「魚教堂」品嘗一頓北極地產海鮮更有不負此行的感覺。「魚教堂」坐落在哥德堡運河邊，是一座外形非常獨特

的建築，那一排陡峭的白色屋頂和黃色的牆壁，在藍天下煞是醒目，黃色的磚牆兩邊還各自鑲嵌著七扇哥特式窗戶。

盛夏時，這座「魚教堂」在運河兩岸連綿的濃蔭掩映下，更加耀眼。雖然「魚教堂」的外形就是一座名副其實的教堂，實際上，它非但不是教堂，而是一個新鮮海產品的交易市場，只因為它酷似教堂的外形而被稱作了「魚教堂」。「魚教堂」的正門外，雕塑了幾個神態逼真的鑄鐵魚販和漁民，他們正在錙銖必較地討價還價，遊客經常興致盎然地參與其中。

這個在軍事防禦工事的基礎上改建的魚市場至今已有一百三十多年歷史了。整個一層大廳是海鮮批發零售市場，魚類和海鮮的品種都很多，大蝦還在不停地亂動呢，一看就是剛打撈上來的！二樓的角落是個很迷你的海鮮吧，只有幾張餐桌，廚師就在吧台後面操作。店家的菜單就寫在一塊懸掛在吧台前的小黑板上，倒也是一目了然。我和先生各點了一隻蒜汁烤蝦，分享一隻水煮大螃蟹，外加一份盛在碗大的小木船兒裡的北極蝦。

點完餐後，只見年輕的小廚師跑下樓，我眼看著他在樓下的攤位上現買的食材，然後就在我眼前加工。不一會兒，焦脆的烤蝦端上來，只蝦身就接近二十公分長，連須帶頭的占了一大盤。撥開紅通通的蝦殼，裡面細嫩的蝦肉被塗上了一層蒜油汁，再經過烘烤，鮮香四溢，令人垂涎欲滴。食用時，具體方法和歐洲其他國家沒什麼區別，只依照自己的口味或擠上鮮檸檬汁，撒鹽和胡椒粉就行了，只是，鹽和胡椒粉一定要用調味小磨現吃現研磨的味道才好。看得出來，那只大螃蟹沒經過什麼周折，只是用水煮熟了而

上：魚教堂外貌
下：魚教堂內的攤位

已，裡面的味道除了蟹肉天然的鮮美，就是海水的微鹹。相比之下，那份北極蝦也是經過開水略煮的，沒再添加任何調料，入口倒也簡單，只需除掉蝦頭，用手一擠，頃刻間，滿口都是鮮美。鮮，香，鹹，甜的北極蝦的味道，實在是妙不可言。吃完飯結帳時才發現，吧台旁擺放著的幾張證書，這個小魚吧竟然還是個多年被評為米其林星級的海鮮餐廳，這恐怕是世界上規模最小的米其林餐廳了！

酒足飯飽，我們下樓在寬敞的「魚教堂」裡徜徉，這裡的海鮮品種真多啊，我叫不上名字的魚類和海鮮琳琅滿目，我發現攤位上一隻去頭的北極蟹才二十多克朗，而在幾步之遙的樓上海鮮吧裡，同樣大小的一隻螃蟹只是經過開水煮一下，竟要我一百七十五瑞典克朗！（瑞典幣與人民幣的比價約為一比一，約合二十二歐）。

後來經我們的瑞典朋友科瑞教授的介紹我才釋懷，因為「魚教堂」裡的海鮮都是漁民最新打撈的，這裡主廚所用的各種海鮮食材，都是直接從樓下的攤位上購買，如此保證其食材品質的同時，也成就了這個知名米其林小餐廳的一大特色。而且，瑞典人吃海鮮，崇尚海鮮的天然味道，烹調時盡可能少地添加調味品，水煮出來的海鮮最能突顯其本身的鮮美，比如龍蝦，螃蟹，各種鮮貝……，為保證鮮嫩的口感，水煮時間不宜過長，火候也要把握好，剛一熟就出鍋效果最佳，除了擠上新鮮的檸檬汁，不加任何調味品，甚至連鹽都不需要，因為新鮮的海鮮硬殼裡，通常都存著一汪清亮的海水，尤其是生蠔，連水煮的環節都省了，打撈出來撬開硬殼，擠上檸檬汁就可以直接入口，那嫩滑的感覺夾雜著微微海水

的腥鹹，其中又混合了鮮檸檬的清爽，簡直令我欲罷不能。瑞典人認為，只有帶有真正大海味道的海鮮才會帶給味蕾最原始的享受。

聽了科瑞教授講解瑞典人吃海鮮的習慣和方法，我似乎明白了為什麼堂堂米其林海鮮餐廳只把菜單手寫到黑板上，原因只有兩個字：那就是「新鮮」！也就是說，餐廳當天提供什麼海鮮美食，完全取決於當天漁民給「魚教堂」打撈出來什麼。

後來，科瑞教授為了慶祝和先生學術合作的成功，在他府上舉辦了一場家庭晚宴，當晚的重頭戲是教授親自掌勺的「瑞典海鮮大鍋飯」，所有食材都是這個項目組裡的瑞典同事們當天到「魚教堂」採買的。當科瑞教授大展身手的時候，來賓們在廚房裡將教授圍得水泄不通，我主動請纓給教授當助手，有幸親眼目睹炮製這道美食的具體步驟，並取得第一手獨家真經。

只見教授用一隻超大的平底鐵鍋，鐵鍋覆蓋了整個爐臺，爐臺上四隻爐灶齊齊打開，先用橄欖油炒火腿肉，再下西蘭花，紅椒，綠豌豆，番茄等色彩鮮豔的各種蔬菜，然後放入長大米使油滲入，這時，才見各種新鮮的海鮮隆重登場：大蝦，扇貝，牡蠣，魷魚，以及竹節形狀的蟶子……教授將它們層次分明錯落有致地碼放在混合了火腿和鮮豔奪目蔬菜的長米上，然後，再用湯勺從另一隻深鍋裡舀出乳白色的湯汁，徐徐地淋在上面。我不禁好奇地問道：「這是什麼湯呀？」教授也不解釋，只笑著遞給我一個湯勺，我嘗了一口，嘴裡立刻充溢著濃濃的魚香，我忙問教授：「製作這魚湯有什麼特殊的要求嗎？比如魚的種類，裡面要加什麼特殊調味品？」教授說：「我認為，吃海鮮要的就是那個鮮味，『鮮』字當頭，任何

科瑞教授烹製的瑞典海鮮飯

調味品在它面前都會遜色，所以，這鍋魚湯裡，除了少許鹽，什麼都沒放。至於熬湯的魚嘛，也完全取決於當日能買到什麼魚，只要新鮮就好！」

教授一邊耐心地解釋，一邊不緊不慢地往「海鮮大鍋飯」裡繼續淋澆魚湯，再適時調低爐火，讓米飯一邊充分吸收海鮮的原汁，一邊被小火慢慢烘熟。本來說好放涼後即可食用，可那鍋充滿熱帶色彩的海鮮飯剛一離火，就被望眼欲穿的嘉賓們說笑間一搶而空了。這鍋「教授級別」的海鮮飯，令當晚所有品嘗過它的人都讚歎不已。尤為奇妙的是，隨著吸足了海鮮汁的米飯逐漸熟透，那些本來碼放在米飯表面的仙貝，牡蠣，蟶子的硬殼也逐漸裂開來，並一點一點鑲嵌在了米飯裡，如此這般，在品嘗的時候，每一隻開口的

貝類海鮮都變得沉甸甸的，裡面不但抱著一團色彩斑斕鮮香美味的海鮮飯，每一團海鮮飯裡還裹著一塊鮮嫩的貝肉呢！

　　科瑞教授精心製作的「瑞典海鮮大鍋飯」令我念念不忘，回到柏林的家裡，在現有條件下如法炮製幾回，縱使海鮮原料遠不如瑞典豐富，更比不上哥德堡「魚教堂」裡的新鮮，但我秉承了科瑞教授「鮮字當頭，崇尚天然」的海鮮烹調理念，做出來的改良版「瑞典海鮮大鍋飯」，在味道上卻也神似幾分，請朋友們品嘗，也是讚不絕口，他們建議我將這道美食的名稱改為「柏林海鮮大鍋飯」。

2. 在瑞典吃烤「手風琴馬鈴薯」

朱頌瑜

　　我對瑞典菜的瞭解，也許跟不少人一樣，都是從宜家餐廳的美食之旅開始的。

　　每一次去逛宜家，有一種感覺總是相似，就是時間永遠不夠用。人一進入廣闊如城一樣的宜家門店，這裡摸一摸，那裡看一看，似乎看到什麼都漂亮，看到什麼都想買。腳步隨美自流連，多少時間都不夠用。幸好，走累了，還可以在宜家餐廳養眼養心的環境裡頭坐下來，品嘗一下正宗的瑞典美食。

　　我想世界上暫時還未有第二家企業，能把這種美惠眾生的理念在全球範圍內推廣得如此深入人心，無微不至。宜家在管理上的

成功同樣惠及了瑞典的飲食文化向外推廣，讓薯泥肉丸子、熱烤鮭魚、公主蛋糕和肉桂麵包等具有代表性的瑞典美食也隨著他們國家高人一等的設計水準走出了國門，充當成美食文化大使的角色在世界各地相繼出現，讓沒有到過瑞典的人也能從舌尖上去嘗鼎一臠，見微知著。

　　瑞典很遠。遠得在歐洲最北部的斯堪迪維納版圖上，甚至有超過百分之十五的國土伸入了北極圈。那裡森林遼闊，人煙稀少，空靈渺遠得如世外之域。特殊的地理位置讓瑞典全年的一半是溫暖，一半是嚴寒。也許是漫長冬季的使然吧，據我的一位瑞典老師說，這種氣候註定了「家」在瑞典人心目中的重要性，由這種重要性所衍生的一種對美好家居不懈的追求直接促使瑞典的近代家居設計走向了領航世界的高端水準。

　　說這番話的那一天，瑞典老師正在她位於瑪律默的家中為我親手做了一道瑞典烤手風琴馬鈴薯。這道菜色簡約但不簡單，就像瑞典的家居設計一直努力向世界傳達的美學觀念一樣，好看又實在，給我留下了深刻的印象。烤手風琴馬鈴薯的主要材料是原只的馬鈴薯。做起來不考人，只須用刀把沖洗乾淨的馬鈴薯切成細片，但又不切穿，保留馬鈴薯底部連接在一起，然後撒點粗鹽和抹上牛油，放進烤箱裡用一百八十度的熱度烤上五十分鐘左右，然後撒上點百里香，就大功告成了。

　　烤好的馬鈴薯，薯身因受熱而一扇一扇地張開，就如一個個打開的手風琴，極富層次感。黃油的滋潤讓烤得恰好的馬鈴薯表皮金光燦燦，這樣不僅吃起來外脆裡嫩，而且還別有一種風雅。擺在飯

桌上，就如擺上了一件藝術品。要是喜歡肉食，也可以隨喜在薯身上夾上鮮肉或者醃肉一起烤，給馬鈴薯再平添一份鹹香。

烤手風琴馬鈴薯據說是瑞典一家名為Haselback的餐廳的首創，所以也叫作Hasselback Potatoes，因為做起來簡單，且食材又平民化，所以很快就被瑞典人傳播開來。善於靈活變通的人甚至也用這種方法烤紅薯。

瑞典人鍾愛的這款烤「手風琴馬鈴薯」，我也換著不同方法在家嘗試過好幾次，效果都很不錯。當然，最喜歡還是烤純粹的馬鈴薯。有時候，看著馬鈴薯那種純粹的明黃，會讓我禁不住想起瑞典

家具店裡頭的原木色家具。瑪律蒙的市中心，沿路都是大大小小的家具店或者家居裝飾店，琳琅滿目，十分怡人。不過，我最喜歡還是瑞典人鍾愛的原木質感家具。那種單純的本色，能透出豐富的內涵。就像看到瑞典人的個性本質，那樣純粹，那樣美好。

　　我以前從來沒有想到過，質樸心素的馬鈴薯，來到瑞典，竟然也可以這樣華麗麗地轉身。可見，簡單好看的東西自然是永遠都受歡迎的。只要用心地生活，多花一點心思，生活就可以與別不同。

　　這讓我想起了宜家的口號：形式，功能與價宜。已故設計理論大師Vicotr Papanek曾經說過：「無論從生態角度，社會角度還是文化角度看，宜家將繁榮下去。因為它們是好看的，好用的，並且是大家買得起的」。吃過瑞典人給我做的烤手風琴馬鈴薯後，我就不禁引申，瑞典烤手風琴馬鈴薯也是一樣，將會大受歡迎，因為它是好看的又是好吃的，而且是大家都能做的。

3. 挪威馴鹿肉餡來自北極的饋贈——

郭蕾

　　機場大巴在十字路口過去一點的地方停下時，我認出那裡仍然是多年前那個機場大巴的停靠點，周邊的加油站、超市都還在，只是往日寧靜的奧斯陸若拉區明顯路變寬了，車變多了，人變多了，樓也變多了。伍拉烏夫婦的新居就在馬路對面那棟新建的公寓樓裡。

　　我們按了門鈴，對講機裡面很快傳出伍拉烏的回應聲：「好了，門開了，你們坐電梯上來吧！」。電梯門打開的一刻，伍拉烏和他夫人英格麗瑟已經站在那裡迎接我們了，他們依然按照挪威傳統和我們擁抱行貼面禮。許多問候和敘舊的話暫時按下不表，伍拉烏夫婦領我們進了他們新買的這套公寓，來到寬大的陽臺上。伍拉

烏手指向前方幾百米遠的那棟黃房子，說：「你看，從這裡看得到我們從前那棟房子。」「我們，」英格麗瑟重複了一遍，用食指劃了個圈把我們和他們都圈在一起，「我們那棟房子」。

我禁不住又和英格麗瑟擁抱了一下。是的，多年前我們剛到奧斯陸時租住在伍拉烏夫婦家那棟黃房子裡，有幸結識了這兩位祖父祖母級的忘年交朋友，他們一直把我們當家人一樣地對待。英格麗瑟婚後幾十年一直在家中做賢內助，燒得一手好菜，跟很多華人祖母一樣，美食是她表達情感的重要方式，我們可沒少嘗到她的手藝。這次我們的目的地是北極，先在奧斯陸轉機去斯瓦爾巴島，再從那裡坐船進行為期四天的北極之旅。訂票時專門挑了候機時間長的航班，利用這個時間去拜訪老朋友。行前考慮到他們年事已高，在電話裡商量不在他們家吃飯，他們卻不容置疑地回說：「一定來家裡吃飯，英格麗瑟親自下廚！」

這時，英格麗瑟把託盤拿到了陽臺上，男士們可以喝著冰鎮香檳，吃著紅色鮭魚魚子醬放在小圓薄脆餅乾上做成的小吃，聊天敘舊。我則主動請纓跟英格麗瑟去廚房幫忙。名為幫忙實為學藝。

「今天我們吃鹿肉。」進了廚房英格麗瑟朝烤箱指了指說。

「啊鹿肉！那次……」不等我說完，英格麗瑟就會心地笑起來。

那還是住在「我們」的黃房子時候的事。

黃房子是一棟獨棟小樓，是英格麗瑟作為唯一的孫輩子女從她祖母那裡繼承來的，是名副其實的祖屋。當然因為不斷翻新維護，裡面設施很現代。我們租住在一樓，伍拉烏夫婦住二樓，洗衣房儲藏間等在地下室大家共用。地下室比較老式，採光不是很好，每次

去洗衣房我都有點小小的害怕。其中一次著實把我嚇了一大跳。那是一個秋天的清晨，醒來我就聞到一股難聞的氣味，不過沒有太在意。然而我在去洗衣房途中，無意中往敞著門的儲藏間瞥了一眼，簡直嚇得魂飛魄散：牆上掛著一個龐然大物！不及細看，我就轉身飛快地跑上樓按了伍拉烏的門鈴。

他過來應門時，剛聽我說了句「地下室」就一連串地說抱歉，沒來及提前跟我解釋。原來那個龐然大物是一頭馴鹿。伍拉烏有個住在挪威北部的朋友是薩米人，這個朋友每年秋天給他送一頭鹿來。朋友把獵殺好的馴鹿託付給長途汽車司機，一路帶到奧斯陸來。伍拉烏遵照朋友的囑咐先要把鹿頭朝下倒掛在地下室放血，然後才可以烹製成美食。最後還對我說：「到時候請你們過來一起享用！」。

我那時剛到挪威不久，也已經從挪威語的課堂上瞭解到薩米人和馴鹿的緊密關聯。薩米人是居住在北極地區的原住民族，主要分佈在挪威、芬蘭、瑞典、俄羅斯四個國家。住在挪威的薩米人屬於少數民族，但居住面積達到了挪威國土的百分之四十。薩米民族馴養馴鹿的歷史久遠，因此也有馴鹿民族之稱，到今天仍有百分之八的薩米人固守祖先的生存之道，在北極地區以馴養馴鹿為生。自然而然地，馴鹿也滲透到薩米民族衣食住行的各個方面。例如薩米族最有特色的冬季靴了，腳尖像威尼斯岡朵拉船一樣優雅地翹起，這種靴子就是用馴鹿皮縫製的。還有整張的馴鹿皮，現在已經是來挪威旅遊的遊客喜愛的旅遊紀念品，皮毛極厚，它們因此才禦得了北極的極寒。而鹿肉，就更是具有北極特色難得一見的美食了。

　　伍拉烏從不食言。過了幾天，我們果然應邀吃到了「鹿肉宴」。

　　那次正值秋季，英格麗瑟應時選材，做了道「秋蘑烤鹿肉」。她將兩公斤左右的一整塊新鮮鹿肉先用鹽和胡椒醃制了一下，然後將烤箱開到八十攝氏度的溫度，慢火烤。同時用溫度計針插到肉塊當中。大約經過兩個多小時的烘烤，溫度計針顯示鹿肉中心的溫度達到了五十六攝氏度時，英格麗瑟就宣佈鹿肉烤好了。將鹿肉從烤箱裡取出，要在室溫下自然冷卻後再切成馬鈴薯一般大小的肉塊分給每個人。在烤肉時間裡英格麗瑟已經做好了醬汁和配菜的秋蘑。挪威人非常喜歡吃秋天的蘑菇，因為在挪威即使是在奧斯陸這樣的大城市，人們依然可以在離家不遠的地方坐擁一小片森林，那些可愛美味的小蘑菇就在森林裡垂手可得。

　　第一次吃鹿肉的體驗確實是非常新鮮的。那一整塊鹿肉從表面看已經被烤製成了棕褐色，但切開之後，裡面的肉還是玫瑰色的，這樣吃到嘴裡口感很嫩，不至於覺得「柴」和乾、硬。說實話還是有一點點特別的腥味的，這點點腥味帶來一些原始、野生的感覺，彷彿還原出了馴鹿生存的那片大自然淨土的點點滴滴。

　　伍拉烏告訴我們，雖然馴鹿是馴養的，但他認為跟野生也沒什麼兩樣，是在非常自然的環境下「放養」的。他說：「我問我那位薩米朋友：你家有多少只馴鹿？他說也許一千也許兩千，他也搞不清楚具體數字。」北極地區沒有肥美的綠草，有的只是生命力極強的苔蘚、小漿果、有著小乾枝的小植物等等，這些就是馴鹿的食物。而這些凝成精華的大自然的汁液進入馴鹿體內，造就了馴鹿肉質獨特的口感，有點粗糙，有點原野，有點「倔強」。

野鹿肉

　　那天一同赴宴的還有伍拉烏的一位表妹。因為剛來挪威不久就有幸吃到鹿肉，我以為鹿肉在挪威還算平常吧，於是在閒談中我感慨說：「在中國鹿肉是非常貴重的……」話音未落，伍拉烏的表妹就接話說：「在挪威鹿肉也是很貴重的。」我馬上明白自己真的非常「老外」，同時也明白伍拉烏一家真的是慷慨待人的朋友。

　　後來我們搬家去了另外一個城市，但每次出差或旅行經過奧斯陸總會去拜訪伍拉烏夫婦，英格麗瑟也總以美食款待。今天她的菜式是「咖啡豆捲心菜馴鹿肉」。她告訴我，這塊肉是馴鹿腿肉，烤制的方式基本和上次並無二致，她依然追求的是鮮、嫩、汁水豐富的口感。但在進烤箱烤制之前多了一道程式：將鹿肉在平底鍋中著少許油煎至兩面金黃。這樣做主要是起到上色作用，烤制完成後的鹿肉會更加色澤誘人，外焦裡嫩。

　　主角沒變，配角換成了捲心菜和咖啡豆。英格麗瑟讓我幫忙將紅色的捲心菜切絲，用黃油稍微炒一下就出鍋，倒在小鍋裡，加入醋和糖。然後英格麗瑟又交給我一項簡單勞動：把一個小蘋果去皮去核，切成丁，同樣用黃油炒一下，加到捲心菜鍋裡，一起煮大約半小時。這樣捲心菜裡除了酸酸甜甜的味道之外又多了一份蘋果的天然清香。我做這些的同時，英格麗瑟也沒閒著，她倒入半瓶選好的西班牙紅葡萄酒煮制搭配鹿肉的醬汁。紅酒收汁一半後，再倒入事先準備好的高湯，同時加入一小勺咖啡豆，一起煮成濃汁。

　　我對加入咖啡豆的環節非常好奇，英格麗瑟樸素的語言也並沒有給出特別的解釋。等我自己咬下去第一口這特殊的醬汁澆裹的馴鹿肉時，我的味蕾即刻體會到了這特殊組合的美妙。產自熱帶的咖

啡豆那份乾香猝不及防，熱情奔放；來自北極苦寒地帶的馴鹿肉自然原味，不帶一絲諂媚；再加上溫帶紅葡萄酒的濃郁鋪底，味覺感受層次分明又相輔相成。這真是一個美妙的瞬間，將大自然從熱帶到溫帶到寒帶的饋贈鋪陳、融合在了一起。

　　相聚的時光總是短暫。飯後我們就要匆匆告別繼續去往冷岸群島的旅程。兩位老人堅持將我們送到大巴車站，並一直等到我們上了車才揮手離去。那一刻，我對接下來的北極之旅充滿了期待，想要親眼去看看地球最北端那片馴鹿出沒的美麗廣袤土地。

4. 在丹麥吃水煮鱈魚配芥末醬

朱頌瑜

　　有人說，歐洲好比一個讓兒童做夢的大工廠。如果是的話，那麼我覺得，丹麥一定是這個夢工廠的中心。近年最後一次來丹麥，是去年獨自前來哥本哈根悠閒訪友，順便借他們文化國父安徒生先生一顆能濾濁的童心，再一次感受丹麥的人文情懷。

　　在飛往斯堪的納維亞的旅途中，我在機上重新翻閱了一遍隨身攜帶的安徒生童話選。書的扉頁上有我多年前的一段讀書筆記，這樣寫著：

　　　　安徒生年輕時是個孤兒，父母雙亡。而他深愛的裡波兒姑娘

又拒絕了他的愛情，最終選擇另嫁他人。安徒生為此鬱鬱不歡，痛苦萬分。他把愛埋在心底，從此專注於童話創作和收集，終身未娶……

帶著從安徒生的世界裡尚未剝離的惆悵，飛機在哥本哈根機場的晚霞中徐徐著陸。朋友一接到我，就開車直奔一早預訂好的海鮮餐廳。因為此前曾幾度遊走丹麥，我已經嘗過好幾種丹麥的特色菜，比如最地道的丹麥黑麥麵包薄片開放式三明治和脆皮烤豬肉。不上餐廳的時候，我也喜歡在丹麥出售外賣的小檔攤買一份熱騰騰的美食，比如買上一份鮮味十足的魚丸和丹麥風味的炸魚和薯條，然後找個長椅子舒心地坐下來，盡情感受四周往復的人群和丹麥自由自在的氣氛，也是一種怡然自得的享受。

丹麥的飲食尤以優質的豬肉和海鮮稱著。我認真總結過，除了講求食材口感上的香脆和原汁原味，丹麥菜還善用各種微酸偏甜的小醬汁調味。在視覺上，對色彩的追求讓丹麥人的烹飪方法都盡可能保留了食材的鮮豔度，給人一場又一場視覺上的盛宴。但丹麥的烹飪卻沒有法國菜那樣華麗，相比之下，他們崇尚簡單的製作方法，盡可能保留食材自帶的鮮美。

除了就地取材進行各種各樣蔬菜混搭，丹麥人還善於在他們的飲食中添加各種本土的漿果或者用漿果做成的醬汁，將丹麥的氣候、地理和植被特點融進他們的日常飲食料理中，是一種名副其實的小清新。這種飲食藝術體現了丹麥人在視覺藝術上的整體水準。新鮮的食材在設計感極強且環境雅靜的餐廳裡，讓乾淨清爽的白色

的瓷盤子一映襯，就會呈現出一種格外舒心自然的感覺，一如置身於北歐長滿蘑菇和野果的森林當中。

不過，丹麥三面環海，說到美食，最不能錯過的當然還是各種新鮮的海鮮菜餚。丹麥是歐盟最大的漁業國，值得推薦食用的海產非常豐富，常見的有鱈魚、比目魚、鯖魚、鰻魚和毛蝦等等。朋友為我點了一份水煮鱈魚做主菜，裡面除了有一整塊兒的鱈魚魚塊，還有原只的煮馬鈴薯、水煮紅蘿蔔段和酸黃瓜片作配菜。在丹麥，水煮鱈魚既是餐廳的經典招牌菜，也是平常人家的家常菜。

鱈魚肉質細嫩，味道鮮美，而且營養豐富，還少刺，不欺負人。朋友長年住在丹麥，她常常專程開車到附近的港口，從漁人手上購買當日新鮮上岸的海鮮，對丹麥的海鮮品種比較瞭解。她告訴我，鱈魚是個大家族。中國食用的鱈魚叫作太平洋鱈魚，黃海、渤海有出產。但是一般超市中出售的冷凍鱈魚卻是阿拉斯加鱈魚，就是連鎖速食店做魚漢堡時常用到的鱈魚品種。而丹麥人吃的鱈魚產於丹麥附近海域以及格陵蘭島和冰島附近的北大西洋海域，是歐洲市場食用的鱈魚。在歐洲過去一百年的漁業史上，冰島和英國之間就曾經因為這條小小的鱈魚三度狼煙四起。

我曾經參觀過哥本哈根市東北部的丹麥設計博物館，在那裡的書店買過一張丹麥的魚類匯總海報，上面就有這種大西洋鱈魚的手繪圖。據說，這種魚平日總是張著嘴在水裡回游，只要見到會動的東西就會吞下去，因此食量特別大，長得也快，加上結群的生活習性，捕捉容易的特點而且繁殖力也強，一條體長一米左右的雌魚一次可產三百萬到四百萬粒卵之多，因此是歐洲地區非常完美的經濟魚類。

丹麥水煮鱈魚配芥末醬

雖然叫作水煮鱈魚，但是丹麥這種水煮鱈魚和中國的水煮魚可大不相同。丹麥人做水煮鱈魚從不用辣椒，講求清淡而味鮮。烹飪的時候，一般是把魚塊放入稍微調了味的熱湯汁裡焯熟，然後撈出來直接上盤。口味清淡的人則用開水代替湯汁。在歐洲生活了將近二十年，我從來沒見過這裡有薑種植，所以歐洲人做魚從來不使用薑絲祛魚腥味。丹麥人吃鱈魚喜用芥末醬，芥末醬能辟除魚的腥味，而且還有一種刺激爽口的微辣口感，讓人吃得過癮。

我曾經自作聰明，按我老家做魚的方法把鱈魚放入蒸鍋裡，用大火蒸約六、七分鐘，代替以湯把魚塊焯熟，效果也出奇的好，能鎖住魚的鮮味。丹麥的朋友還教會我另一種烹飪鱈魚的方法，就是用雞蛋和麵粉加上少許鹽調成濃稠的汁，然後裹在魚塊上，用油鍋把魚塊煎到金黃色時，就能做出一道美味的香煎鱈魚了，吃用的時候可以根據自己的口味搭配不同的醬汁和配菜，比炸魚排要健康。

如此這般在丹麥吃魚，就讓人禁不住吃上了癮。難怪在安徒生的童話裡，連海的女兒也是美麗的美人魚啊。離開丹麥當日，我專程去看了哥本哈根的城市標誌美人魚銅塑。銅像裡的美人魚低垂著頭，面海沉思，憂鬱的眼神裡有一種深深的眷戀。這讓我想起裡波兒婚前寫給安徒生的最後一封信，據說它曾經被安徒生一直珍藏在隨身的大衣口袋裡，直到陪伴他孤獨終老。

就這樣，安徒生在愛裡鎖上心的大門，從此獨守自己的孤城。然而，他卻用畢生的時間和朗照人心的文字去呵護人性，留住純真，普渡後世。可見有些人的心田一生只能耕種一次，一次之後，

寧願荒蕪。但是這種荒蕪卻不是蒼白，恰恰相反，這是至真至純的另一種注腳，以永恆的真摯去對抗無涯的時間。地老天荒。

5. 飲食傳統——丹麥聖誕大餐玉爾節的

池元蓮

丹麥人跟中國人一樣，是以豬肉為主食的民族，在北歐神話裡已經有吃豬的記載。演變至今日，他們祖先留下來的豬肉菜色種類繁多，做法也各式各樣。

若要我這個長居丹麥、並且澈底入境隨俗的華人選一道最好吃的丹麥菜，我會毫不遲疑地選「Flæksteg」！這一道菜翻譯成華文便是烤豬肉，我相信這道佳餚很適合華人的口味，有機會值得一試。

可是，丹麥烤豬肉跟我們大家均熟悉的廣東燒豬肉是迥然不同的兩道菜。我與丹麥烤豬肉的初次邂逅，是在丹麥吃「玉爾節」大

金黃色的烤豬肉，搭配用黃油及糖煎過的小甜馬鈴薯

餐的餐桌上，對它，可稱為一見鐘情。先讓我們看一下，玉爾節到底是什麼樣的一個慶節？

　　原來玉爾節是丹麥人對聖誕節的稱呼。丹麥原文是Jul，來自古北歐語，讀音為「玉爾」，其意是「歡呼」。

　　古代時，丹麥的土地幾乎全被茂密的森林覆蓋著，丹麥人的祖先居住在森林裡。入冬以後，光亮逐漸離開大地，白晝變得越來越短、越來越黑。在昏天黑地的漫長冬日裡，人們渴望光明的重臨。好不容易等到一年中晝最短、夜最長的那一天（12月22日）。從次日開始，黑暗便一步一步地退離；光明又一步一步地接近，將會把

明亮的夏天帶回來。到那個時候，他們又可以乘著輕快的維京龍船，出海耀武揚威。於是，在那黑黝黝的長夜，大家一起慶祝黑暗的離去，通宵達旦大吃大喝，歡呼個不停。久而久之，這個民間習俗就成為傳統的玉爾節（即歡呼節）。

　　十一世紀時，維京人稱霸海上的時代結束，基督教傳入北歐。丹麥人告別了他們以前信奉的多神教，皈依基督教。教堂也就把慶祝玉爾節的日子往後移了兩天，與耶穌基督的誕辰配合。這一來，玉爾節搖身一變而為宗教節日；可是，節日名字一直沿用祖先口中的Jul。玉爾節就是聖誕節了。

　　每一年，當玉爾節快到了，小小的丹麥便出現人口移動似的現象。人們從北南下、從南北上、從東到西、從西到東。目的均是趕回家，與親戚們在12月24日晚上吃一頓團圓大餐，與中國人過舊曆年的年夜飯意義相似。

　　依照傳統，玉爾節大餐是在家裡吃的，大餐的內容極為豐富，包括許多種不同的菜餚，主菜是烤豬肉。

　　烤豬肉是伴著用黃油與糖煎過的小甜馬鈴薯吃的，再配上煮熱了的甜味紅捲心菜，一盤濃稠適度的熱肉汁是不可缺少的。也有人喜歡把煮熟了的蘋果切半，在中間放點紅果醬，放在烤肉旁作為點綴。

　　烤好了的豬肉上面蓋著一層金黃色的皮，高約一公分，爆得鬆鬆脆脆的，令人看了便垂涎。整塊烤肉端上餐桌，由當夜的主人親自切片。客人各取一、兩片肉，放到自己的碟子上，跟著把各種配菜放在肉片的旁邊，然後淋上熱肉汁就可開始享用了。

外貌誘人的烤豬肉一旦入口，便立刻發揮它的迷人魅力。那些色澤金黃色、又香又脆的皮一咬便碎，彷彿在舌頭上溶化了似的。肉質柔嫩滋潤，味道鮮美。甘甜的熱肉汁把肉、甜馬鈴薯和其他配菜的味道融合起來，使得整道菜的滋味昇華到絕妙的境界，就像樂隊得到一個好指揮，剎那間奏出令人心醉神迷的音調。

　　我愛上了丹麥烤豬肉，便下決心去學做。恰好我的家公是一位既愛好做菜又精於做菜的丹麥男士，我就拜他為師。

　　在此，把我學做丹麥烤豬肉的心得寫出來，與大家分享：

　　這道菜的做法其實相當簡單，只要多做幾次，就能抓到如何把它做到完美的訣竅。

　　首先，烤豬肉所用的原肉一定要是豬里肌。這種肉在丹麥的高超市場均有出售，原裝包好；每塊的長度約為二十五公分，重量是一公斤左右。整塊豬肉連著厚厚的皮；皮的上面已預先割好一條、一條的裂紋。待肉烤好後可依著皮上的裂紋切片。

　　肉汁的做法也不複雜，但須有耐性。從烤箱內的盤子裡取出適量的液體，當作原汁，加入奶油、麵粉、調味品、配色料等；小火慢煮，耐心攪拌，直到肉汁的濃稠度達到恰到好處的為止。

　　玉爾節大餐的另一個吃食傳統是它的餐後甜點，那就是當夜家家戶戶必做的杏仁米糊（Ris a la mande）。

　　做杏仁米糊必須使用身高的大鍋子。把一升全脂牛奶倒進大鍋裡，加入一小杯（150克）黏米，用小火慢慢煮，不停的攪拌，千萬不要讓牛奶沸騰出鍋。待鍋裡的液體變成糊形狀，便熄火。把整鍋米糊放置一旁，讓之完全冷卻。最後，把 一顆杏仁藏進米糊裡。

第一步：把整塊肉倒過來，即豬皮朝下，豬肉朝上，放到烤箱內的大盤子裡。倒水入盤，只須蓋過豬皮就行，然後放幾個甜黑棗入水裡，以增加肉汁的味道。把盛著肉和水的盤子放回烤箱內，以220度烤20分鐘。

第二步：烤了20分鐘後，淹在水裡的豬皮已經煮軟。把肉塊拿出烤箱，擺在一個平底盤上，用手把粗鹽擦在豬皮上；鹽要擦得均勻，也要擦進皮上的那些裂紋中間。

第三步：把擦了鹽的肉塊放回烤箱，此時是放在烤架上，豬皮朝上。那個盛著水和黑棗的盤子則應位於烤架之下；這樣，肉塊在烤的過程中所滴下來的肉汁和油都會滴進水盤裡。以220度繼續烤。

第四步：烤了一個半鐘頭後，肉上的皮開始鬆爆。此時便要留心注意，皮的鬆爆程度如何；當整塊皮呈現金黃色，樣子鬆脆，肉便烤好了。如果讓豬皮烤得發焦變黑，那就連鐵齒也咬不動了。

最後，把烤好的肉塊取出烤箱，靜置20分鐘，便可切片食用。

吃用前，先把一小瓶的攪牛奶（英文whipped cream）打成泡沫狀，與冷卻了的米糊拌起來；然後在米糊上淋一些煮熱了的紅色櫻桃果醬，便可進食，味道甜美可口。誰能在自己杯子裡的米糊找到哪顆杏仁，就是當夜的幸運兒，可獲得禮物一份。

丹麥人平日偏愛喝啤酒，玉爾節吃烤豬肉則習慣飲用紅葡萄酒。筵席上亦有個飲酒規矩：舉杯獨飲沒禮貌。每當一個人要喝自己面前的酒時，必先舉起酒杯，向桌上其他的人響亮地說一聲：Skaal！（Skaal是丹麥人的敬酒詞，發音接近「士高爾」，意思是

喝一杯，並不是乾杯。）大家聽到有人喊「喝一杯」，就立刻停止吃食，放下刀叉，舉起酒杯，高興地齊聲喊「喝一杯」；啜了一口酒，便又低頭繼續吃碟子上的食物。隔了一會兒，又有另外一個人喊「喝一杯」，大家又一唱百和地響應。喜氣洋洋的呼聲此起彼伏，繚繞室內。

每年，當我與丹麥親戚朋友們共進玉爾節大餐的時候，看著他們吃得興緻盎然、喝得酒酣耳熱的情景，聽著一陣又一陣的歡樂敬酒聲，腦海裡不禁浮現一個奇妙的幻景，似乎見到數千年前的古維京人，在森林裡慶祝玉爾節大吃大喝、歡呼個不停。然而，今昔不同的是，歡呼的聲音現代化了，變成今日的Skaal。

豐盛的晚餐吃完了，大家移坐客廳，繼續喝咖啡、飲甜露酒、吃別的小甜點。談談笑笑、喝喝飲飲，時間不覺已近子夜。可是慶祝尚未完結！明天（12月25日）還有好戲上演：再吃一頓玉爾節午餐。午餐桌上的主角將由另外一種丹麥名菜扮演。

四十多年的光陰過去了，我曾經品味過丹麥烤豬肉不知有多少次了，然而對它的喜愛心一點都沒有褪色。在我的心目中，它已經成為丹麥菜餚王國的女王。

6. 走近丹麥人的聖誕餐桌

文俊雅

小雪節氣前夕，哥本哈根迎來了入冬的第一場雪。鵝毛大雪洋洋灑灑，很快便將這個週末冬夜銀裝素裹起來。有人歡呼雀躍，有人卻鬱悶於車子半路拋錨在沒來得及撒鹽的高速公路上。

將一窗風雪關在外面，我將近來陸續淘得的十幾個水晶燭臺一字排開，燃亮蠟燭，讓暖暖的火苗在晶瑩剔透的花心裡躍動起來。冒著睡不著覺的風險，我開啟了剛剛購置的咖啡機，給自己做了一杯熱騰騰的瑪奇朵。

窗外，雪一直不停的飄，周遭的樹木、屋宇和街道都覆蓋了雪花，好一個銀色世界，宛如我腦海中一貫出現的銀色聖誕一樣：寧

靜和璀璨，我不禁沉浸於節慶的喜悅中。

　　丹麥人的餐桌素來不乏美酒佳餚，尤其到了年底歲末，富於聖誕特色的傳統食物早早在人們的腦海醞釀出爐，活色生香地充實了精心佈置的聖誕餐桌，和全家老少、親朋戚友的胃口。

　　如要細加追究，最早端上聖誕餐桌的該是樂寶啤酒（Tuborg）。每年11月的第一個星期五，樂寶公司會雷打不動地推出一款顏色更深、口感更烈的聖誕啤酒（丹麥語：Julebryg）。一改平日「小清新」風格的聖誕樂寶，想必是為了配合日漸走低的氣溫和人們選擇越來越高熱量的秋冬飲食習慣吧。

　　隨著樂寶聖誕啤酒廣告鋪天蓋地般展開，以及運載啤酒的大貨車日夜繁忙奔跑於全國各地，人們開始意識到歡樂聖誕的腳步已經密鑼緊鼓了。

　　聖誕前兩周是丹麥忙碌的烘焙季。以烘焙見長的丹麥巧婦們摩拳擦掌，各出奇招，運用世代相傳的秘方，為親友精心烘制聖誕豆蔻團子、薑餅、香草餅乾等。這些自製的餅乾除了可口暖心之外，因選取豆蔻、薑等做原材料，用傳統中醫的說法，還具備溫中，健脾，消食等功效。聖誕甜點當然不止這些，她們的巧手還變魔法似地將杏仁軟糖、巧克力軟糖、杏仁、榛子、漿果等加以混合、調製，給最挑剔的舌頭製造驚喜。

　　天氣是越來越冷了，風通夜整宿地刮，冬季的第一場雪常常在耶誕節前來臨。回到家，人們習慣了在餐前燙一壺酒（丹麥語：Gløgg）暖身。這種酒一般用紅葡萄酒加上肉桂、葡萄乾和杏仁碎粒煮熱；味道嘛，呵呵……見仁見智，有點像小兒止咳糖漿。這種

酒事實上是從鄰國瑞典引入的舶來品，卻更為丹麥人所鍾愛。永遠不乏創意的丹麥人在上述配方的基礎上，添加白蘭地、乾邑或伏特加等進行混搭，有的用白葡萄酒做基酒，甚至還有兒童配方的燙酒。老一輩丹麥人相信這種燙酒能緩解漫漫長冬帶來的沮喪、壓抑，不管真實與否，起碼在熱酒下肚那一刻他們的精神該是愉悅的。

　　這種熱乎乎、甜膩膩的燙酒理所當然地成為聖誕大餐的餐前酒。終於等到聖誕大餐，主菜是烤豬肉，佐以煮馬鈴薯、紅甘藍和精心熬制的香濃肉汁。主菜所用食材是整塊豬五花，有異於一般西方國家的火雞。不過想想丹麥養豬業極為發達，僅一年仔豬出口量便高達一千兩百萬頭，兩倍於全國人口，也就不足為奇了。人們在豬皮上以跟咱們扣肉差不多的厚度深切出一道道口子來，以便入味和均勻受熱；用香料、調味料醃上一段時間後，入烤箱烤制，直至豬皮金黃酥脆方可上桌。近年來，不少人用烤鴨、烤鵝取代了稍顯肥膩的烤豬肉。

　　杏仁涼粥（丹麥語：ris à l'amande）是聖誕大餐的特色甜點，這種用生奶油、香草和杏仁碎粒做成的傳統小吃如配上一勺熱櫻桃醬則風味更佳。小娃娃們對這道甜點可謂望眼欲穿，他們小心翼翼地把勺子送進嘴裡，用牙齒細細尋找那唯一完整的一顆杏仁。

　　如果正好一不小心咬到了，他會驕傲地擱在門牙上顯示一番。這意味著來年的好運氣，竟跟我們中國北方習俗過年包餃子時放上硬幣有異曲同工之妙呢！

PART II

一口，蔚藍地中海

南歐——義大利、西班牙、希臘、葡萄牙

1. 油泡番茄乾
美味的義大利小吃——

朱頌瑜

在歐洲生活的這十幾年，我喜歡每隔一年就到托斯迦納鄉下的房子這裡來小住幾天，而且每次都故意不帶手提電腦，行李包裡一對人字拖鞋和幾本書，就可以度過一個清清爽爽的假日。托斯迦納的鄉下不需要帶手提電腦的遊客，就如托斯迦納的鄉下不需要建造鐵塔或者雕像類的人工旅遊地標一樣。連綿起伏的山丘上，一行行絲柏，一叢叢橄欖林，一片片葡萄園，立在金色的陽光裡，讓人一眼便能識別這份氣場，就屬於托斯迦納。

已過晌午，村落很安靜，靜得彷彿一抬頭就能和上帝隨意對話般讓人自在。鄰居里奇伯伯正坐在院子的無花果樹下專注地灌著他

的野豬肉沙拉米香腸。野豬是伯伯在鄉下的森林裡親手打獵所得。這些野豬可跟一般的家豬不一樣哦，它們外表是黑乎乎的，壯大且結實，一頭野豬就能達到兩百多斤重，可以灌上好多沙拉米香腸。因為保留了原生態，在托斯卡納的森林有很多這種野豬出沒。所以野豬肉沙拉米風乾腸也是托斯迦納地區一種標誌性的風味小食。

里奇伯伯身後的花園裡種滿了各種時令瓜果，有黃瓜、番茄、辣椒、青豆、小蔥、椰菜等等。它們吸飽了托斯迦納的陽光，個個渾圓飽滿，色澤誘人。里奇媽媽正在忙著採摘番茄，她把它們一個個認認真真地摘下來，然後又歡喜地挨個兒捧在手心欣賞一番。新鮮採摘下來的紅番茄在陽光下透出明晃晃的光亮，讓人淺淺看一眼就禁不住齒頰生津。

番茄有旺盛的生命力，而個性卻是寬厚且頑強，幾乎能在所有地方存活。在義大利，番茄是當地人餐桌上不可或缺的重要食材，我想地球上難以再有第二個國家的人民會對番茄能如此情有獨鍾了。不信你看，從義大利北部米蘭開始直到南部版圖上最底下的靴跟地區，一路上只要有美食的地方番茄就從不缺席。尤其是在進入托斯卡納的鄉村之域，從風味小食冷熱前菜到各式風味主菜，番茄總是能百變登臺，永不退場。真是情有獨鍾啊！幾個番茄，也能吃得四季生津，百搭出彩。難怪我看過一個段子說，如果要在義大利選國寶，番茄肯定會被最先選上。

番茄是世界上最有益的食物之一，能有效防範骨質疏鬆症以及心腦血管疾病，對健康有利。它原產自祕魯的森林，常見的別名有西紅柿和洋柿，過去也被稱作「狼桃」。我特別喜愛這個名字，有

一種遺世獨立的野豔之美。據說在十六世紀，一位英國公爵在祕魯森林遊玩時對這種豔紅之果一見傾心，就採了一些帶回歐洲贈送給自己的情人。自此番茄便漂洋過海，登上了歐洲大陸。可惜又因其豔麗美貌，讓人疑為有毒，在很長一段時間裡僅被視作觀賞植物，白白地寂寞過兩百多年。後來幸得一位法國畫家勇於前人，大膽冒死一嘗，才確知其味，從此讓番茄搖身一變登上人們的飯桌，逐漸被廣為傳播。

　　托斯卡納的鄉村景色在黃昏的夕陽裡是最美的，遠遠望去，可以看到鍍金般的村落和紅色的屋舍隨著山丘的弧度一路起落，一路延綿。里奇伯伯幹活累了，歇下手上的事，給我們捧來了葡萄酒和下酒小菜。葡萄酒是新酒，用他自己種植的葡萄親手釀制所得。義大利是歐洲葡萄酒的盛產地，人們平日都喜歡這樣喝上兩杯餐前酒，以享受休閒的慢生活。

　　下酒小菜是橄欖油泡番茄乾，一種把新鮮番茄烘乾後再浸泡在橄欖油裡的傳統義大利特色美食。在義大利，各種大小露天集市上都能買到番茄乾，是一種最家常的美味食品。有院子的義大利人家更是喜歡自己親手種上幾株番茄，以便平日烹飪需要的時候能隨時摘下來幾個果實食用。因此，尤其是在鄉村地區，一般家庭都喜歡用自家種植的番茄親手釀制一點油橄欖泡番茄乾，以備一年四季享用。

　　脫去了汁液的番茄乾酸酸甜甜，略帶韌性，跟新鮮的番茄在口感上有不小的差別。在義大利，番茄的種類很豐富，除了有常用於製作番茄醬或義大利麵醬汁的牛心茄外，還有虎皮茄、黑番茄、

番茄撒上少量奧勒岡（Oregano）和鹽後準備入烤箱

虎紋番茄、金太陽番茄等等。里奇媽媽教我家庭自製番茄乾的方法
是：用烤箱烘番茄乾要儘量選取個子最小的番茄，把番茄對半切開
以後，在蕃切面上撒上適量鹽和一種叫作奧勒岡的香草，然後用一
百度的低溫風力慢慢烘上個六到八個小時，待果肉的手感和市面上
出售的杏脯乾差不多就可以了。

　　烘好的番茄乾經過橄欖油一段時間的浸泡後，果乾會變得鬆
軟，油香則更加馥鬱。吃在嘴裡，各種層次慢慢釋放開來，會使蓬
蓽生香，產出一種欲罷不能的感覺。除了當下酒小吃，義大利人還
喜歡把番茄乾切碎了用於絆面或者鋪在麵包片上當小吃食用，各有
滋味，是一種非常百搭的風味食品。在番茄豐收的夏季，當地人還
會把親手做好的油泡番茄乾精心包裝起來，作為心意送給親朋好

友。歐洲人懂得悠閒，活得散淡自在，送禮一般不講求市場價值，更珍視一份親手的溫度，所以用親手製作的美食去送人，無疑是一件至情至性的人間美事。

在托斯卡納鄉村地區，人們平日的飲食也大多如此，選材自然簡單，應天時地利之享。這裡的人時至今日仍保留著在石板上和麵，在木頭上燒烤的生活傳統。我特別欣賞這種順應天時的平和心態。人活在世上，欲望驅動起來是可以跑火車的。只有對天地萬物心懷敬意的人，才可以穿透滿眼的繁華，和自然之物如此久看不厭，相望兩忘。

2. 漫話披薩

高關中

　　說到義大利最典型最普通的食物，恐怕不少人會脫口而出：披薩（Pizza），有人甚至說披薩是義大利的國粹，是義大利食品的代名詞。

　　其實披薩就是義大利餡餅。中國人笑話義大利人時喜歡這麼說道：大約馬可波羅偷學中國餡餅只學了一半，沒有學會怎麼合上，才成了今天這個樣子。傳說，馬可波羅喜歡中國北方的蔥油餡餅，回到義大利以後一直想再次品嘗，有次聚會，他給廚師繪聲繪色地講起中國餡餅的美味，但廚師忙了半天，也無法將餡料放入麵團，馬可波羅便建議乾脆蓋在麵餅上，從此有了披薩。

　　是啊！披薩就是這樣，圓圓的一大塊甚至有鍋蓋大，下面是烤好的餅底，上面覆蓋各種各樣五顏六色的餡，吃的時候要放在盤子裡用刀叉切來享用。

　　義大利還有另一種傳說，認為披薩是叫花子發明的吃食。相傳古代，義大利南部拿坡里（那不勒斯）地區有個叫花子，長時間沒有討到飯吃，有一天忽然得到一點麵粉，就把麵用水和好，將一小塊一小塊的麵團揉成薄餅，放在燒熱的石頭上烘烤，在薄餅上再撒上點菜蔬作餡，烤出來的餡餅又香又脆，吃起來很可口。此方法傳開後，經不斷改進，就成了別具一格的義大利餡餅。

然而據考證，披薩的歷史其實更早，至少在兩千年以上。比較確定地說，早在古羅馬時代就有了專門的餡餅店，在維蘇威火山爆發毀掉的龐貝城的廢墟中可以看到古羅馬人的烤爐。不過當時既不放番茄也不放乳酪，加點菜和肉末而已，類似現在的加餡烤餅（Focaccia）。

　　番茄出現在義大利是羅馬帝國滅亡一千多年以後的事，印第安人培育出番茄，十五世紀末義大利航海家哥倫布發現新大陸以後才把番茄帶到歐洲。這樣披薩上才有了番茄。接著又過了一個世紀，人們才將乳酪又加進來，製成了現在的披薩。

　　有人看到披薩這個譯名，與披薩斜塔相同，以為披薩的發明，與披薩城有關，實際上披薩城義大利文寫作Pisa（又譯比薩），與披薩Pizza的寫法並不相同，只是中文譯法巧合相同而已。關於披薩（Pizza）一詞的文字記錄可追溯到西元997年，追溯到一本出自義大利南部城市加埃塔（Gaeta）的拉丁文書籍。其來源有七八種說法。如說來自拉丁語的pinsa，有擠壓的意思，代表壓平生麵團的步驟。甚至說出自古希臘語pissa，意思是發酵的糕點，傳入拉丁語，最後演化成Pizza，即披薩。

　　披薩有葷有素，葷的在餅上放熏肉、牛肉、雞丁、義大利紅腸、火腿、魚肉以至蝦、牡蠣；素的則放黃瓜片、茄子片、青椒、蘑菇或洋蔥絲。但無論葷素，都要用麵粉、酵母、食油、少量鹽、糖，有的加雞蛋，用水和好發酵後揉好，擀成薄圓餅作為坯底，覆蓋番茄醬（番茄混合天然香料製成）和白乳酪，塗上橄欖油，點綴上橄欖或切成碎塊的熟雞蛋，以及香葉，和各種配菜，均勻地鋪滿

坯底,送入一百九十度乃至兩百四十度的爐中快速焙烤約十到二十分鐘。趁熱食用。

　　地道的義大利披薩餅薄味厚,鮮美爽口。後來有人將甜絲絲的鳳梨也放了進來,令義大利人頗感受到了「污辱」,因為鳳梨是熱帶水果,義大利並不產鳳梨啊!

　　上等的披薩要具備四個條件:新鮮餅坯、上等乳酪、頂級番茄醬和新鮮的餡料。披薩表皮香脆,內瓤鬆軟,講究軟硬適中,即使將其「皮夾似的」折疊起來,外層也不會破裂。

　　義大利最經典的披薩叫瑪格麗特披薩(Pizza Margherita)。它的來源也有故事。1889年,義大利剛統一不久,出於對義大利王后瑪格麗特(Margherita of Savoy)的尊敬,一位廚師創造出一個裝飾有番茄、白乳酪和綠色羅勒葉的披薩,來表現義大利國旗綠白紅三色旗,並命名為瑪格麗特披薩。

　　瑪格麗特披薩用到的白乳酪可不是一般的乳酪,而是一種叫做「莫薩里拉」(mozzarella)的乳酪,為純白色蛋狀,是用坎帕尼亞地方(為義大利二十個大區之一,拿坡里是其首府)的牛乳製成的,所以拿坡里(那不勒斯)認為他們的披薩最地道。

　　瑪格麗特披薩用到的羅勒葉(英語basil)有類似茴香的氣味,中國北方稱之為蘭香。羅勒葉像綠樹葉,放幾片羅勒葉到披薩上去既能增添綠色,也很提味。儘管瑪格麗特披薩只是用番茄、莫薩里拉乳酪和綠色羅勒葉製作而成的簡單的披薩,但它卻風靡了整個義大利,而且是最受歡迎的,因此被譽為披薩中的經典。

　　除了瑪格麗特披薩以外,還有其他品種的披薩,如加蘑菇的

披薩（Pizza con Funghi）、什錦披薩（Pizza Capricciosa）、海味披薩（Pizza Pescatore）、水手披薩（Pizza Marinara）等等。一個披薩店裡，少說也擺十來種，供你選擇。我第一次在義大利旅行的時候，還是大學生時代的背包族，餓了常到披薩店買塊披薩，既便宜，又好吃，還省時間。但常吃披薩，會不會吃膩？我的竅門是，每次換個品種，不重樣，這樣就百吃不厭。而且能吃出區別來。像海味披薩和水手披薩，從字面上看，似乎差不多，吃過以後才知道，水手披薩並不含魚蝦等海味，配料主要是番茄、大蒜、奧勒岡（一種草本香料，又稱披薩草）、橄欖油等。問一問當地人，才知道，這種披薩比較耐放，因此深受水手們喜愛，才得名水手披薩。我個人比較喜歡的帶海味的披薩，特別是拿坡里披薩（Pizza Napoletana），這是在番茄乳酪披薩的基礎上添加了沙丁魚，是拿坡里（那不勒斯）當地的名吃，所以得名拿坡里披薩。

　　二次大戰後，義大利披薩蓬勃發展，在方便食品流行的今天，無論是在旅遊勝地、偏僻鄉村，都能買到熱氣騰騰、香味撲鼻的披薩。據說全國披薩店多至兩萬家。這些披薩店叫Pizzeria，到處都是。有的披薩店類似小吃店，沒有座位、客人必須站著吃，上午就開始營業，櫃檯裡陳列著各種各樣做好的大披薩。指出你想要的，服務員就會為你切上一塊，放在烤箱或微波爐裡加熱一下。如果是味道很好的披薩店，你會看見擠滿了大嚼著熱騰騰披薩的顧客。

　　而正規的披薩專賣店大多在晚上營業，有座位並且用柴火爐灶現場烤制披薩。對義大利人來說，披薩是宵夜的替代品。有的披薩店規模更大一些，除披薩外，也經營義大利麵食、簡單的魚、肉

等菜。在披薩店中只點一份披薩並不為怪，所以對於沒有食欲或是想省錢的旅行者來說很是經濟實惠的。通常看到青年人擠滿的披薩店，一般都是味道很好的店。如果找到了這樣的店，就要一點前菜（沙拉之類）和油橄欖，一邊喝著啤酒或葡萄酒，一邊等待披薩烤好。

最好的披薩是在其發祥地拿坡里（那不勒斯），這是一個以海景和古跡聞名的旅遊熱點，到那兒旅遊可不要忘了嘗一嘗當地的披薩。該市的Antica Pizzeria Port'Alba據稱是義大利第一個披薩店，早在1738年就開始為小販們製作披薩。當地的披薩都是用自然火（柴火）烤制而成的，其風味與現今滿世界都能吃到的披薩就是有那麼點不同。據說是因為拿坡里（那不勒斯）的水質好，最適合做披薩。裝有披薩的盤子往桌上一放，就讓人流口水了。餅大得直往外溢，等不及同伴的那份上桌了，趁熱先吃吧。不必那麼斯文地用刀叉，直接用手拿著吃也沒關係！

歐洲各地都有披薩店不說，超市里還可以買到冷凍的披薩半成品，回家後放在烘箱烤一下就可以了，方便了懶得做飯的人們。有時我們週末出去玩累了，回來不想做飯，就從冰箱裡拿出一盒披薩出來，現烤現吃，鬆軟可口，再來瓶啤酒，真的好愜意。還有各種披薩外賣店更方便，打個電話就送上門，用大紙盒子裝著。記得有一次同事過生日，請我們十二三個人吃披薩。他訂了三個大號披薩，分別為金槍魚（tuna）、薩拉米香腸和火雞餡的。按直徑分，小號，也就是普通型為二十六釐米，可供一到兩人食用；中號為三十二釐米，供兩到三人，大號為直徑三十八釐米的，供四到五人吃

飽沒問題。午飯時正好送來，三種披薩，一人每種嚐一塊，就吃飽了，三個大披薩，解決了十多人的一頓飯。

3. 在義大利做客

方麗娜

　　夏日炎炎，我和先生喜歡到義大利東北沿海去消夏。亞德里亞海邊那些個富有韻味的小鎮，清涼適宜，寧靜宜人，是我們一向的鍾愛。並且每次在那裡小住，總是一如既往地拜訪我們的老朋友，烏戈裡一家。

　　烏戈裡的太太奧薩娜是義大利人，娘家就在威尼斯附近的小鎮麗格納諾。二十多年前，烏戈裡在維也納娶了奧薩娜不久，便在麗格納諾海邊購下一座花園別墅。造型別致的三層小樓，依坡面海，庭院深深，綠蔭環繞。從此，烏戈裡一家的生活場景，便隨季節的更替，在維也納和麗格納諾之間來回切換。而平時，房院由奧薩娜

的父母居住和照料，裡裡外外，保持著一派生機。

　　這是八月，義大利海邊的黃金時段，我們一路沿濱海大道，而後穿過長長的林蔭，來到烏戈裡家的院子跟前。先生和烏戈裡是多年的好朋友，倆人一照面，就興致勃勃地到陽臺上喝酒聊天去了。奧薩娜用她的高壓咖啡機煮了咖啡，招呼我坐在剛灑過水的院子裡。桌上的撒花狀藍瓷碟裡，裝了柑橘、海棗和開心果，竟有兩枚張了嘴的大石榴。

　　我一面喝咖啡，一面欣賞院子裡濕漉漉的鮮花、草坪和清香四溢的檸檬果。牆角的菜園裡，青辣椒、長豆角、胖茄子尤其番茄，長勢喜人。海風掠過，庭院裡的夾竹桃、石竹花和風鈴草，幽香陣陣。我驚奇於番茄的壯碩，個個長得跟小南瓜似的。奧薩娜說，這是爸爸今年嘗試的新品種，為我們做「Spaghetti」（番茄壽司）用的。這麼多番茄，哪裡吃得完呀？奧薩娜道，不只是現在吃，等我們過完暑假回維也納時，媽媽會將番茄和肉沫做成醬，裝進瓶子裡讓我帶走。你知道，回到維也納一旦忙起來，哪裡還有功夫做飯也？到時候，媽媽的番茄肉醬就派上了用場！

　　好幸福啊！我感歎著，同時受奧薩娜目光的牽引，見廊簷下放了整整一箱空瓶子。這讓我想起許多年前，在老家做番茄醬的日子。那個時候，中國北方的家家戶戶都積攢許多吊針瓶子，仔細沖洗乾淨了，專等夏季番茄大量上市又便宜的時候，成筐成框地買回來，切成小塊，然後一小塊一小塊地塞進瓶子裡，用膠布封住口，高溫蒸煮過後，儲存起來。能吃一個冬天呢！

　　這時，奧薩娜的母親穿著花格子圍裙走過來，她不慌不忙地

把懷裡端著的腰果、橄欖和小鹹魚，一一擺上餐桌，讓我們佐以開
胃酒。我拿出從維也納帶來的包裝精美的「雙黃」月餅，送給老媽
媽。她喜歡中國的東西，比如絲綢、茶葉和各式各樣的雕花瓷器。
老媽媽說，除了沙拉和烤茄夾，她今天準備給我們做Spaghetti吃。
我聽了，求她允許我跟她去廚房，看她做飯。這是我的愛好。喜歡
看人做飯，並樂意做個幫手。老媽媽已近古稀，依然明眸黑髮，
皮膚白得透亮。奧薩娜繼承了媽媽的高鼻深目，卻沒有媽媽細膩白
皙的皮膚。像中國婦女一樣賢良慈愛的老母親，心甘情願地為兒
女操勞，無怨無悔。老媽媽一面切洋蔥，一面笑呵呵地感慨道：
「Frau, Frau, immer kochen! immer kochen!」（女人啊，總是做飯！
總是做飯！）

　　我們都愛吃老媽媽做的義大利飯菜，無論是冷餐，還是熱食，
口味總是被她拿捏得恰到好處。這會兒，老媽媽往灶臺上的熱鍋裡
倒了些橄欖油，刺啦一聲將備好的半盆肉餡倒進去。她用的是帶煙
囪的松木火爐，火勢控制在中低檔，不緊不慢地燉著。我站在一
旁，忍不住插嘴道，我在家也時常做Spaghetti，怎麼就不好吃呢？

　　老媽媽將鍋裡的肉餡，攪拌了幾個來回，慢悠悠地說，做這
個關鍵是火候，不能急，要文火慢燉，務必將肉裡的水分熬乾，再
將洋蔥放進去，擱些作料、香葉和海鹽，而後點上些紅酒。稍後，
老媽媽往肉醬裡摻入事先熬好的番茄醬，攪勻了捂上蓋兒繼續燉。
與此同時，她開始煮面。面煮至小半熟時，將一把青絲絲的長豆角
丟進水裡，和麵條一起煮。這個時候，奧薩娜在院子裡的炭火上烤
了一小筐茄夾，抹上蒜汁和橄欖油，拌在沙拉裡，而後用薑、蒜蓉

和紅辣椒，調製成一種混合口味的醬汁。在歐洲，恐怕只有義大利人，和中國人一樣習慣吃辛辣的食品。

程亮的餐盤和餐具擺好了，奧薩娜仰頭朝樓上喊了一聲，兩個男人應聲而至。黃澄澄的通心粉，撈在跟前的大盤子裡，被當頭澆上一勺香噴噴的番茄肉醬。奧薩娜將一塊乾乳酪，用擦子直接刮擦在麵條之上，乳酪那濃烈的醇香，和著熱辣辣的番茄肉醬和薄荷葉的清涼，撲面而來。真乃色香味，俱全也！

聽烏戈裡說，義大利，意為「小牛生長的樂園」，卻不以食牛肉而聞名。實際上，義大利飲食乃西餐的起源，包括法國菜在內。儘管法國人有些不願承認。西元十六世紀，佛羅倫斯的名門望族麥迪奇家族的凱薩琳‧狄‧麥迪奇，下嫁給法國王儲亨利二世時，帶了三十位廚師，跟著她從威尼斯到法國，傳統義大利食物與烹調藝術，也就順理成章地被引薦到法國。在我的印象中，義大利飲食似乎比義大利人的名氣還要大。在任何一個歐洲國家，除了本土餐館之外，最火爆的要數義大利餐館。這種裹挾在番茄肉醬裡的各種通心粉，如同歐洲人的家常菜一樣，深入人心。那些嵌滿海鮮與沙拉米的披薩餅，像義大利旗子一樣，四處招展。即便遠在中國，也被我們的同胞追捧得無以復加。

實際上，品嘗一個國家的美食，如同解讀一個國家的歷史和文化。義大利烹飪的壯麗圖景，從西元十五世紀就開始了。文藝復興時期，達‧芬奇不僅創造了人類史上最偉大的藝術作品，也在他的精心策劃下，位於米蘭的斯弗查大公的宮廷裡，上演了一場場美輪美奐的盛宴，讓全歐洲人為之驚豔。達‧芬奇在烹飪技藝、意式

料理、飲酒哲學以及廚具設計方面，都有獨到見解。他將自己對美食的熱誠，和在烹飪方面的發明，悉數記錄在《達‧芬奇的祕密廚房》裡。從宮廷盛宴，到皇家饌膳，從中產階級的餐廳，到農民兄弟的飯桌，一一囊括在內。

　　有人說，義大利人自由懶散，固步自封，不思進取，動輒以羅馬人的後代自居，躺在文藝復興的功勞簿上優哉遊哉，一臉豪氣和淡定，而使得義大利淪為歐洲的二流國家，窮得只剩下「吃」了。而我倒覺得，義大利人親切隨和，有一股為生命讚歌而永不熄滅的熱情。他們浪漫奔放，煙火十足，注重傳統和家族觀念，像中國人一樣富有古道熱腸。值得玩味的是，中國和義大利雖遠隔千山萬水，口感和性情卻難得的契合，彷彿心有靈犀……正獨自暢想間，烏戈裡邀我先生到他的私家酒窖裡去看看，嘗嘗他十年前存放在裡頭的奧地利乾白。

　　瞧這兩人，一時恢復了少年本性，頗有酒興大發難以收拾的苗頭，叫我想起早年在家呼朋引伴、飛觴醉月的時光。我忍不住追過去，想瞧一瞧這座被海水浸泡的酒窖，並且喝上一杯。

4. 美味的西班牙傳統菜

莫索爾

　　西班牙是美食王國，除了著名的地中海飲食之外，其豐盛的海產、魚蝦、螃蟹，以及牛肉、羊肉、豬肉的產品，亦為世人所稱道。尤其是豬肉，豬身上的每一部分，都是美食。

　　世界聞名的西班牙火腿（Jamon Iberico），就是豬腿醃製而成，盛產於西班牙西南部，早在羅馬時代就有了這道美食。用於製作西班牙火腿的豬平日要讓牠們在草地上自由跑動，並用最好的橡子作飼料，這樣餵養出來的豬身上大部分都是精肉，使西班牙火腿具有奇妙的味道和口感。火腿的製作時間一般為兩到三年，製作工序很複雜，出廠時更要經過嚴格檢驗。食用西班牙火腿時，須由片

火腿的大師（此為專門職業）用一把細長的利刀，把固定在架子上的火腿一片一片地削下來，每片極薄，肥瘦均勻，呈透明狀。吃在嘴裡，香氣四溢，鹹淡適中，而且稍微咀嚼，即隨口而化，香氣充滿口腔。

英國出刊的一本叫Restaurant（食肆）的刊物，每年選出全世界最好的五十家飯店，有近十家西班牙飯店名列其中。有幾年甚至高登榜首，像今年的第一名，就是西班牙東北部小城，一家名叫Can Roca的飯店。而米其林每年所公布的星級飯店，西班牙有幾十家，可見西班牙的美食絕非浪得虛名。但是這類飯店，大多標榜新潮美食，其廚房猶如化學實驗室，把食材分析改變，極盡變化的能事，最後的食品，也許很好吃，但絕非其原味，而且價格極貴。像前述的今年第一名，預定座位可能要等一年，每人的費用不下二百歐元，顯然不是平常人所能消費的。這裡僅介紹幾種傳統的西班牙菜的家常菜，味道好而且價格不貴，是西班牙人或遊客常選的。

首先談海鮮飯，顧名思義，海鮮飯應是海鮮與飯混煮而成，但事實上，海鮮飯（Paella）最早卻與海鮮無關，而是肉類（兔肉、雞肉）與一些蔬菜合煮的。它既不是燴飯，亦不是炒飯，而是用平底圓鍋，將雞肉、扁豆、紅椒、番茄，以及蝦貝殼類等與米合煮。做時先燒油，然後按先後順序放入雞腿肉、扁豆等蔬菜、蝦貝殼類，等七分熟時，加上米以及適當的水，調味後煮約十幾二十分鐘。注意煮時不蓋鍋，煮好後用一張白紙蓋上燜五分鐘就大功告成。而選米亦有講究，要選西班牙特產的一種圓潤，顆粒飽滿的米最好。

海鮮飯的米粒有時會有點夾生，建議你點菜的時候交代要煮久一些。這道菜的美味完全在飯裡，因為肉、海鮮、蔬菜的味道都為米所吸收。一般西班牙人吃海鮮飯，通常不另點第二道菜，而只點一盤涼拌生菜搭配，絕對吃飽。再者，這道菜通常是中午吃，晚上點的話就證明你是外行了。

　　如果要選一道最為人所熟知的西班牙菜，恐怕非Paella莫屬了。

　　馬鈴薯蛋，就是用馬鈴薯與雞蛋調勻所煎成的蛋餅。作法簡單：先把馬鈴薯切厚片，略浸水，濾乾後放在溫油中煎炸（火不能太大，以免馬鈴薯變硬）煎至馬鈴薯變金黃色，撈出放涼，另外把洋蔥爆香備用。蛋打勻後放入馬鈴薯片及洋蔥，此時用小平底鍋放少許油，倒入蛋液慢慢煎熟。注意的是，當蛋餅的底部已經凝固時須要翻身，這要有點技巧。一般用一個大盤子托住，蛋餅翻身後再煎一會，一個圓形的馬鈴薯煎蛋餅即做成，切成小塊食用。這道菜，餅中間尚未完全凝固，柔軟可口，而且香氣四溢。

　　馬鈴薯蛋是一道點心，一般在正餐之前吃，酒會中也常常出現。西班牙人中飯要等到兩點以後才吃，到一時左右肚子有點餓了，而且也感到倦，於是到附近的酒吧喝一杯，下酒的小菜或者是一小條煎魚，或者就是一塊馬鈴薯蛋。這種下酒小菜，西班牙文叫做Tapas，在西國飲食中很具特色。由於人們喜歡喝一杯，於是一些小飯館或酒吧，專門製作許多精美的下酒小菜，以招攬顧客，久而久之，這種小碟子的下酒菜成了酒吧的招牌，有專門以其為號召的酒吧，有時也會舉辦Tapas比賽，讓顧客一圈吃下來，評個高低。

　　我有個西班牙影片商朋友，早期曾銷售西班牙童星瑪麗莎的影

片至台，非常叫座。他也去過臺灣數次，他跟筆者講了一段經歷。一次，他在台北一家飯店用餐，忽然想起西班牙的馬鈴薯蛋，就問侍者他們會不會做，侍者說他們不會。這位朋友於是問，可不可以讓他到廚房去做，很容易。飯店看他是外國人，又有點好奇，就答應了。他到廚房要了兩個蛋，一個馬鈴薯，三下五除二，一下子這道西班牙菜就做好了。可見馬鈴薯蛋（Tortilla Espanola）這道最普通的西班牙小吃，多麼為西班牙人所喜愛，外國人到西班牙旅遊，不可不嚐。

馬德里一家中文報紙的社長開車去葡萄牙辦事，他打電話來說，要順道來小城看我。約好見面後，我請他及同行的報社總編輯，一位上海女士，到一家西班牙飯館午餐。時值盛夏，總編輯說想喝湯。我未加思索，替她叫了一碗番茄冷湯。她一嚐，叫了起來說：「怎麼這麼冰涼？」而且又酸又有蒜味，實在難以下嚥。

華人一向喝熱湯，西班牙這種冷湯大都喝不下去。但這卻是西班牙有名的消暑湯品。夏日炎炎，氣溫升至攝氏四十度以上，用餐先喝一碗冷湯，爽口、消暑又開胃。番茄冷湯（Gazpacho）非常容易做：將陳麵包浸水泡軟，熟透了的番茄切小塊，再加上一兩瓣大蒜，一起在打果汁機中打勻，加入適量的水，然後放橄欖油、醋及鹽，存在冰箱中，用餐時取出即可。有些地方在冷湯中還加上切粒的青椒、洋蔥、黃瓜，不一而足。地中海飲食講究食材新鮮，用橄欖油，食生菜，番茄冷湯就是一例。

海鮮飯、馬鈴薯蛋、番茄冷湯是西班牙最常見的菜餚。正因如此，各地作法，食材搭配並不盡相同，但基本的材料大都一致。像

海鮮飯，有些只用雞肉，有些用雞肉及蝦等，另外也有全部用海鮮，如大螯蝦類。食材不一樣，味道也不一樣，當然價格也相差甚大。

　　最後要提醒讀者的是：由於海鮮飯、馬鈴薯蛋都是大眾化的食品，消耗量大，有些商家專門設廠批量生產，然後再運送到飯店或酒吧間去銷售。工廠食品，當然與現做的相差很多，有時完全失去了原味。這種情形以招徠觀光客的飯店最可能發生，我們在選飯店時要注意。記得筆者有一次在一個汽車站的酒吧裡，點了一份馬鈴薯蛋，味同嚼蠟，一問才知是工廠生產的，大呼上當，以此為鑒。

5. 西班牙餐飲與我

張淡浪

　　還記得四十年前剛來西班牙當留學生的時候，住在一間修女主持的女生宿舍裡。人生地不熟，除了來回學校，不敢亂跑，每天三餐都在宿舍和室友們一同吃修女準備的餐飲。室友們經常私下埋怨，認為伙食不夠好，修女的手藝差⋯，而我，卻對現成的每盤菜都吃得津津有味，感到新鮮可口。

　　起初，我對中西餐的飲食差異還稍有不適應，譬如青菜怎能生吃？乳酪的味道難聞！生火腿片也不敢碰⋯。漸漸地，在室友們溫和地勸進中，放大膽子把它們塞進口裡，嚼出了滋味，越來越愛，僅那一年我就增肥了近四公斤，結果在後來「中國週」活動裡，穿

上臺灣帶來的旗袍，就像裹粽子似的，令人難以為情。

那時候，我的最愛是一盤叫馬德里式煮豆（Cocido Madrileno）的菜，只要是聞到宿舍廚房傳來那特別的香味，就禁不住要嚥口水！那是用鷹嘴豆（Garbanzo）加肉和菜一道在火腿骨頭湯裡煮出來的，盛進盤子裡的時候，煮得十分熟爛的豆子、包心菜、一塊燉爛的牛肉、一塊紅色的肉腸和一塊黑色的血腸，壁壘分明地放著，雖然我只挑豆和菜吃，但滋味鮮美沒話說。為了物盡其用，煮菜的湯汁還可以下細麵，作為頭道湯吃。在西國寒冷的冬天，吃上這麼一盤熱騰騰的湯菜，真是享受！

我還喜歡修女們作的一種冷盤蛋，把剝了殼的白煮蛋對切開，挖出蛋黃搗碎後，拌上鮪魚肉和自製的蛋黃醬，再滿滿地重新塞入蛋白中，旁邊配上幾條紅色用醋和蒜烤軟的紅椒，既美觀又好吃。

成家後，雖想中西餐並重，在難得買到家鄉味的條件下，到底選擇食材還是以當地的才夠新鮮簡便。幸好曾有過宿舍裡吃家常西餐的經驗，能夠試著作幾樣給孩子們吃。後來能買到南貨了，孩子們卻在學校食堂吃慣了西餐，我偶爾作的中餐，反而不太受歡迎。

在西班牙住久了，應酬宴客各式美食也多有嘗試的機會，漸漸注意到他們不僅有品質極優的橄欖油，還盛產許多可以外銷的蔬果，畜牧業不缺牛羊豬，海產也豐富，加上絕不比法國差的紅白葡萄酒…，愈覺得西國人的得天獨厚。後來學到了所謂「地中海飲食」的詞彙，說是不但這類飲食能改善人體的健康狀況，還能有助於降低心血管疾病的發生率，才驚覺原來我們身在寶物隨手可得的「天堂福地」還不自知啊！

從此，除了「冷壓特級初榨」的橄欖油，拒絕其他任何油類進家門。因為據說這「液體黃金」，富含單元不飽和脂肪酸（MUFA）及多酚（polyphenols），具有抗氧化、降低發炎指數、穩定神經細胞膜、改善血管內壁功能，還可以延緩老化、減少胃酸、緩和便秘、促進骨骼生長、降血壓、抗癌等等諸多說不完的好處，尤其「冷壓初榨」的橄欖油，其油酸度低，養分保存最佳，怎能不多加利用？

於是，家裡幾乎每天都要來一大盆生菜鮪魚沙拉，裡面佐料豐富，有玉米、洋蔥、水煮蛋、胡蘿蔔絲、幾顆黑橄欖和紅色的番茄，紅白綠黃黑，顏色鮮美。有時候換換口味，放些蘋果片、石榴顆粒、鳳梨塊、葡萄乾，或一點酸黃瓜之類的泡菜，然後再慷慨地灑上幾圈橄欖油和義大利醋，色香味俱全，這是我近年的最愛。

「地中海飲食」中還挺注重堅果的。退休前，多少年在辦公室，因為西班牙的午餐時間特別晚，從八點半早餐到兩點午餐，在飢腸轆轆時，我那一盒混雜著未經烤炸，保持原味的生杏仁、核桃、腰果和葡萄乾的乾果，著實幫了大忙，幾顆就能果腹。也是後來才知道，原來這些堅果，含有多元不飽和脂肪酸（PUFA）、葉酸及維生素B群，具有抗氧化、抗發炎及保護心血管等功效，真是誤打正著。

坦白說，西班牙人也是個好吃的民族，他們的美食真是不勝枚舉。不過，我對肉食興趣缺缺，就算烤羊肉及烤乳豬均享譽國際，只要一想到那可愛的小羔羊，或才出生的小乳豬，在哀嚎聲中就被人開膛破肚，怎麼也食不下嚥。對海產魚蝦類就稍微好些，尤其從

遠海捕獲後就被冰凍的大魚，切片後賣，比較可以當作食物，吃來不那麼感到內疚。

其中我比較喜歡的海產，不是一般人視為大餐的龍蝦或大螃蟹，而是裹了一層薄薄的麵粉來油炸的烏賊圈（Calamares fritos），或灑些檸檬汁調味的煎墨魚片（Sepia a la Plancha），或者乾脆用它們的墨汁作成味道鮮美的「烏賊黑飯」（Calamares en su tinta）。這烏賊的香味及口感都十分誘人，價格又不算太昂貴，是西班牙典型的平民化美食。

另外，西國西北加利西亞區臨海，煮章魚（Pulpo a la Gallega）是當地傳統的一盤菜餚，他們把整隻章魚在加了檸檬汁的鹽水中煮熟，用大剪刀剪下章魚的八足成一塊塊厚片，平鋪在木盤上，再灑

加了椒粉的煮章魚，近年為了衛生條件，已不再用傳統的木盤子盛裝了

上一些紅色不辣的椒粉（Pimenton）和足夠的橄欖油，這就成了足以讓人垂涎的佳餚。不過這些海產的膽固醇都高，淺嚐即可，不宜多吃。

一位朋友曾有感而發說，西班牙有三寶：「番茄、紅酒、橄欖油」。橄欖油不僅可以生拌沙拉熟炒菜，家裡已是一日不可無此君；那紅豔豔的番茄，亦不相上下，尤其在獲悉它所擁有的番茄紅素，具有多重生物效應，不僅能防癌抗癌，內含的維他命A、B、C、E（果色愈紅含量愈多），與茄紅素一起作用時，還能抑制自由基對細胞染色體基因的損壞，維護細胞正常代謝。這麼價廉物美，蔬果兩用的養生聖品，當然經常要上餐桌啦！

唯一我家無法經常享用的就是西班牙的美酒了，無論紅酒（Tinto）、白酒（Blanco）、玫瑰酒（Rosado）還是香檳或烈酒都一樣。年節時候多有西班牙客戶贈送好酒來家，偏偏先生和我沒有染上西班牙人愛喝酒的習慣，平常不碰，只有偶而在家請客時，才會挑出一瓶適宜的酒饗客，藉以助興。多餘的酒，一擺經年，難免有時有「暴殄天物」之憾。

最後，還要介紹近年我最愛的早餐，非歐洲大陸式，亦非美式，算是地中海式的番茄醬麵包（Barritas con tomate y aceite de Oliva）。這是除了咖啡以外，將掌狀大小的全麥棒形麵包一切兩半，稍微烤一下，再先後澆上橄欖油和新鮮的番茄醬即成。但這番茄醬必須是大紅熟番茄連皮帶子用機器搗碎，加一丁點鹽和一大匙橄欖油拌勻做成的。作法簡單，好吃又健康，建議大家有空時不妨試試。

6. 希臘餐桌好「食」光

麥勝梅

　　到過希臘首都雅典旅遊的遊客，通常也不會錯過到愛伊娜島一遊。去年我到雅典出差，讓我有機會目睹了神的居所——雅典衛城的壯觀，也讓我暢遊愛伊娜島一日，邂逅那抹愛琴海的浪漫風情。

　　早聽聞過小島最著名的莫過於藍白風景，當我漫步於海邊的步道上，馬上感染到它獨特的風格，悠閒的馬車的的噠噠地走，不遠處的白色小教堂和滿眼的豪華遊艇，時時刻刻閃爍在藍天碧海的光影中。

　　走入小區，露天咖啡廳及各式手工藝店密佈大街小巷，還夾雜擺著土產開心果叫賣的小販，真開心，在這裡還買得到最新鮮的和無鹽的開心果。後來才知道，原來愛伊娜島是盛產開心果的。

　　坐上遊覽車環島時，我又有了新發現。隨著窗外一幅幅田園風景映入眼簾，只見家家戶戶的前庭後院都種了橄欖樹、檸檬樹和番茄樹，那種淡綠、深綠的樹木和果實累累的園子，彷彿毫不經意地，為我勾勒出一盤地中海口味的飲食，那正是希臘料理不可缺乏的食材：橄欖油、番茄和檸檬。

　　我喜歡吃青橄欖、番茄和新鮮蔬菜，常以「地中海口味」的愛好者自居，做沙拉通常我都用好的橄欖油，有時連炒菜也會用一點橄欖油。

　　午餐時分，在碼頭附近我們隨意找了一間餐廳用餐，點了一盤希臘生菜沙拉，侍者端上時，看起來十分可口，用手機馬上把它拍下留念。

　　這裡的希臘沙拉，選用了希臘風格的食材，如新鮮的生菜和醃製過的番茄、並以酸奶調味，最後在生菜沙拉上加上白色厚厚的羊乳酪，配上切成小段的夾著向日葵仔的麵包條，一齊進食。

　　我沒想到這些味道偏鹹的乳酪，一旦配上生菜和汁醮吃，居然能產生一種奇妙的口感，一種既鹹又酸甜的味道，正好蓋住了生菜的微腥味。但是乳酪份量對於我來說有點太多了，終究沒辦法把它吃完，幸好醃製過的番茄味道不太鹹，配麵包條吃很適合。

　　餐後叫了一杯希臘咖啡，這杯帶著渣的濃咖啡，味道十分濃郁，使我想起多年前在土耳其喝過類似的濃郁咖啡。住在德國的希臘朋友曾經對我說：這兩種咖啡的煮法其實也相似，首先將咖啡粉磨得很細，放在不鏽鋼鍋裡煮，沸騰之後便可將火關掉，只是土耳其咖啡有些還加了桂皮之類的香料。

加上白色厚厚的羊乳酪的希臘沙拉

這可是名符其實地現煮咖啡唷，煮好後再將全部倒入杯中，杯的表面沉積了薄薄的一層咖啡末，咖啡的香郁和精華就這麼全都留住在杯中了。

於是，我倘佯在愛琴海的微風中，一邊慢慢品嚐那種微酸又帶點苦澀的咖啡，一邊喝著暖呼呼的熱開水。相信多喝幾次之後我就會喜歡上它的氣味的！

想要趕在天黑之前回到旅館，因此我搭上最後第二班渡輪回雅典。下塌的旅館附近餐廳不多，便決定晚餐在旅館內用餐，這是走高級路線的餐廳，餐費自然也不低。

點了一道叫蘇富拉奇（souvlaki）的菜和一杯綠茶，當侍者端上菜時，才知道這是豬肉串燒，配了熟悉的蒜頭優格醬（Tsatsiki）和番茄煨飯。

我用力把一片厚厚的檸檬在串燒上擠下汁來，瞬間香味四溢。拿起刀叉把一塊塊肉撥出來，然後慢慢地送入口中，舌尖上的味蕾馬上辨識出有微微的歐立崗諾（Oregano）的香味，味道實在好，肉質也柔軟，原來廚師用的是里肌肉，因此口感才有那麼好。

以前逛夜市，總喜歡吃沙嗲，不僅是因為它獨特燒烤的香味，而是因為喜歡可以拿在手上一口一口地吃，甚至邊走邊吃，那種不拘小節和略顯粗野的吃法，曾經在我的青澀歲月裡，留下太多的記憶了。

▌蘇富拉奇串燒

在雅典的餐廳中初次品嚐蘇富拉奇，有種他鄉遇舊知的感覺。雖然味道和吃法不同，我竟然對它念念不忘。

其實，蘇富拉奇串燒是一道極受希臘人喜愛的菜，如果說沙爹是印尼的國菜，那麼希臘人眼中的蘇富拉奇，是一道名符其實的傳統家常菜。

記得我的一位希臘朋友曾說他們經常吃串燒，於是我便登門造訪，向他請教如何料理。以後，我便照著他的方法去做，說來也很

番 茄 飯

食材：

米200公克，1/2個紅椒，1/2個洋蔥，1匙向日葵花子油，2大匙奶油，1/2罐番茄醬，1大匙蕃芫荽，少許蒜末，鹽、胡椒、辣椒粉。

作法：

1. 紅椒切成細粒狀，去皮的洋蔥和大蒜也切碎備用。
2. 起鍋將向日葵油加熱，把紅椒粒、辣椒末、洋蔥和大蒜加入鍋，炒香後，再倒米入鍋，加少許水，慢慢炒到半透明（約5分鐘）。
3. 將一大匙奶油、罐頭的番茄濃醬放入鍋內，用勺子攪拌均勻。
4. 開大火炒2分鐘後，要不斷翻動避免炒焦，一邊加半杯水和奶油，最後蓋鍋放小火慢慢煨米成熟飯（約25分鐘）。
5. 飯熟後加少許鹽、胡椒調味，加上洋莞芫末攪拌均勻便可端上餐桌。

簡單，肉塊先用橄欖油、少許紅酒、檸檬汁、及歐立崗諾香料醃半個小時，再以火碳烤熟。傳統的火碳烤出來的串燒，吃起來特別香郁入味，如用電爐烤出來的，就沒有那麼好滋味了。

說起蘇富拉奇串燒，不能不提到番茄煨飯和蒜頭優格醬。這個紅色的飯團雖說是搭配菜，但卻是色香俱全，並能獨當一面，讓人吃了有充分的飽足感。

要做兩人份的番茄飯不難，關鍵在不能讓米煨得半生不熟或燒焦就行了。

至於我愛吃的優格蒜頭醬，做法也簡單，就是把少許的調味品，如蒜頭、鹽、胡椒、和洋莞荽末（Pertersille），放進兩百公克的優格（Joghurt）和一百公克的乳豆腐（Quart）一起攪拌，放入冰箱兩個小時便可，串燒配優格蒜頭醬，吃起來十分軟滑可口。

如今，我對「地中海口味」的熱愛毫不退減，每當有朋自遠方來，我總會喜歡做一盤蘇富拉奇串燒，配以優格蒜頭醬、番茄飯來宴客，再點綴一些香菜沙律，和搭配香醇的紅酒，盡量讓餐桌上五彩繽紛，不但讓自己感到有點小小的成就感，還期望著我的客人能夠大快朵頤，歡度一席好食光。

7. 葡萄牙美食：烤鱈魚和蛋塔

高關中

　　早春時節，我們到葡萄牙旅行，天天接觸當地飯菜，大致了解到一些葡萄牙的飲食特點。

　　葡萄牙氣候溫暖，甚至炎熱，即使是九月份白天也超過三十度。熱量足，加上土地肥沃，農產特別豐富。水果，如西瓜、甜瓜，不但產量多，而且特別甜。柑桔、葡萄、李子、蘋果、石榴，到處都有賣，價格也不貴，蔬菜品種也很多。當地人以麵食為主，喜食麵包，也吃一種類似油條的麵食，我叫它洋油條，不過沒有中國油條那樣虛，有些實心。人們也把米飯和馬鈴薯作主食。愛吃魚等水產，牛肉，豬肉和雞肉。烹調特點是喜歡在菜餚底料中使用橄

欖油和大蒜。在佐料中，吸收了東方（由阿拉伯人傳過來）的一些調味料，如胡椒，肉桂，蕃紅花等。至於飯桌上擺的調料，則放在一個小架子裡的四個瓶子裡，兩個大瓶為橄欖油和白醋，兩小瓶為鹽和胡椒，這是典型的桌上調味品。此外，還往往把檸檬切成片，向菜肴上擠汁，像醋一樣用。葡萄牙廣種橄欖，特別是在南部，橄欖樹滿山遍坡，是最好的木本油料。調沙拉菜，要拌很多油。說得誇張一點，簡直把橄欖油當水一樣用。

當地人吃飯離不開酒，葡萄牙盛產葡萄酒，特別是波爾圖葡萄酒聞名全歐。

葡萄牙早餐與其他歐洲國家差不多。飲咖啡，喝牛奶，吃麵包，如粗粉烤麵包、牛角麵包等，夾上乳酪、火腿片，抹上黃油。不想吃肉食，只抹黃油、果醬也行。牛奶裡也可放麥片。

縱使葡萄牙美食如此豐富多樣，給我印象最深的還是正餐吃烤鱈魚，逛街時品蛋塔。

說起鱈魚，堪稱葡萄牙國菜。葡萄牙瀕臨大西洋，早在十五世紀地理大發現時代，葡萄牙人就開始到一望無際的遠洋捕魚，一直持續到今天。漁夫們往往于春季出海到秋天來臨時才會返回家鄉，也有的出海漁民卻再也回不來了。看著身穿黑衣的寡婦們，她們有的才年僅二十歲，就可以明白，為什麼葡萄牙有這麼多的詩、故事、民間傳說和民謠是與苦樂參半的航海傳統有關。

如今，遠洋捕撈的魚類品種很多，如鱈魚、沙丁魚、鮭魚、鱒魚、金槍魚等，尤其是鱈魚，捕撈量最大。鱈魚頭大尾小，又稱「大頭魚」，體扁長，可長達五十釐米以上。大西洋一帶盛產此

魚。鱈魚的魚肉為雪白色，肉質嫩滑結實而味淡。而鱈魚肝臟亦含大量維生素A及維生素D，故經常被用作提煉魚肝油。為了防止在海上天長日久在船上變腐，早在十六世紀，葡萄牙漁民就學會了製作鹹鱈魚乾，這是可以在長途航程中保持魚貨不壞的方式。漁民們先將鱈魚醃制，鋪放在硬厚板上用陽光將其曬乾，曬乾的鱈魚可以維持好幾個月。據說著名航海家達・伽馬當年出海遠征，途中所帶食品中就有大量的乾鱈魚。所以，葡萄牙人所食鱈魚，一般並非新鮮鱈魚，而是捕撈上來之後，經過淨膛、去頭、用鹽醃制和曬乾幾道工序的乾鱈魚。這種乾鱈魚，烹煮前須先浸在水中泡兩天，或在牛奶中泡，除去鹹鹽才行。原先又小又硬的魚塊會漲大起來。

捕魚多，因此，葡萄牙人吃魚也特多。海味是葡萄牙人餐桌上的主菜，各種魚類，或烤或燉，配上豆角，綠菜花，煮馬鈴薯或炸薯條。其中鱈魚（bacalhau）是葡萄牙人百吃不厭的「國菜」。

鱈魚的作法很多，即使天天吃，也不會重樣。可以鮮吃，也可以醃後吃，還可以做丸子。葡萄牙人聲稱知道三百六十五種方式來烹調鱈魚乾，一年每一天的做法都不同。例如鱈魚絲炒雞蛋馬鈴薯絲、橄欖油焗鱈魚、高湯燉鱈魚等。

當然最通常的吃法是爐烤鱈魚，用水將鹹鱈魚乾泡淡後沾上油放在爐中烤，用馬鈴薯和蔥頭配餐。現在已成為節日必備，宴席上常見的佳餚。我們在葡萄牙北部大城波爾圖就品嘗了一次。

波爾圖（Porto）位於里斯本以北三百多公里，人口二十六萬，為葡萄牙第二大城市，是世界聞名的波爾圖葡萄酒原產地，同時也是葡萄牙北部的大港和工商業中心。漁業發達水產多。

在波爾圖到處都能見到瓷磚壁畫，特別引人注目。瓷磚壁畫是葡萄牙建築裝飾藝術的瑰寶。使用的瓷磚大多以藍色為本色，用白色襯托，顯得雅致、純潔，畫幅宏偉巨大，有些教堂的牆壁從上到下全部鑲嵌瓷磚壁畫，有些宮殿、豪宅、甚至市中心聖本圖火車站的牆上也都鑲上巨幅瓷磚畫。波爾圖的瓷磚壁畫題材多樣，其中就有捕魚和航海的畫面。

波爾圖一帶氣候溫和，陽光充足，雨水適中，尤其是這裡的土層含有大量頁岩，白天可吸熱，晚上放熱，為葡萄生長提供了得天獨厚的自然條件。自古以來，這裡就是種植葡萄的理想之地。來到這裡，只見丘陵起伏，山青水綠。坡地都被開闢為層層種植葡萄的梯田，坡嶺相連，綿延無限。像這樣大片的梯田在歐洲是很少見的。由此可見葡萄牙人付出的艱辛勞動。

葡萄收穫後，先在當地進行粗釀，然後把新酒運到波爾圖各酒窖，進行陳釀和後處理。杜羅河上傳統的運酒工具叫酒船。這是一種造型獨特的木質結構船，掛著巨大的白帆。酒船滿載著裝滿葡萄酒的木桶揚帆航行，有的成一字長蛇陣停泊在岸邊，構成波爾圖特有絢麗風情畫。如今運送葡萄酒大都改用卡車或火車了。但在波爾圖仍能見到停泊在江邊的酒船，白帆上畫著名酒商標，作為廣告船使用。

坐在有瓷磚壁畫裝飾的古老建築前，望著碼頭附近的酒船，手捧一杯波爾圖葡萄酒，品嘗著剛出爐的烤鱈魚，脆而不焦，那真是一次難得的享受。把酒臨風，大快朵頤，其喜洋洋者矣！

用過正餐後，一般還要吃一道甜食，葡萄牙甜點特別誘人。

小吃店、咖啡屋、酒吧都有花色齊全的甜點出售,以奶油、巧克力和果餡點心居多,供人們早餐或下午用作點心。最著名葡式甜點是蛋塔。中文名稱蛋塔是根據英文Egg tart半意譯、半音譯而來的,或作蛋撻。這種點心的特點就是將蛋黃、牛奶皮和糖溶解攪拌成糊狀,倒入油面所作的餅托中,然後在爐中烤制,等面上的一層蛋黃略呈焦黃即可出爐,香氣四溢。烤出的蛋塔外層為鬆脆之塔皮,內層則為香甜的黃色凝固蛋漿。吃起來感覺香、脆、滑。當然甜也是免不了的,不過並不膩,口味獨特。如今蛋塔在澳門、香港、北京、上海都有賣,但最地道的還是在蛋塔的家鄉葡萄牙。

人們認為,摩爾人(即曾長期佔領葡萄牙的阿拉伯人)在五百年統治期間,將蛋塔的製造方法介紹到葡萄牙本土。不過蛋塔的真正流行,開始於十七到十八世紀,是由一群修女宣導的。

蛋塔據說有十二種做法。共同點就是都使用大量的蛋黃和糖。許多蛋塔還有加入肉桂、檸檬、橘橙或杏仁等口味。

蛋塔雖然外表很誘人,不過大部分吃起來都很甜,熱量也不少。對於現代人而言(非葡萄牙人)太過營養豐盛了。但是葡萄牙人卻認為再也找不到比它更好或差不多的美味的糕餅了。蛋塔和他們引以自豪的葡萄酒一樣精緻可口。

手拿著蛋塔,可以在街上邊走邊吃,眼中美景,口中美味,再愜意不過。當然更常見的是在咖啡屋裡吃,要杯咖啡來沖淡甜味。在葡萄牙咖啡屋比比皆是,是人們早中晚都會聚集的場所。曾經是葡萄牙殖民地的巴西和安哥拉,直到現在都還是世界上頂級咖啡豆的生產地。所以進口到葡萄牙的咖啡豆品質也錯不了。搭配

蛋塔的咖啡，可以選用小杯濃縮咖啡（bica），或是標準過濾式咖啡（café）；再不然就點carioca，是種一半咖啡、一半加熱水的飲品，雖然加了一半的熱水，喝起來還是很濃很香的。

PART III

樸食，散步

中歐——德國、瑞士、奧地利

1. 野韭菜

滿山遍野蒜飄香——

區曼玲

　　歐洲的冬季寒冷陰暗且漫長，厚重的衣物加上晦暗的天色，讓每個人的行動遲緩、精神委靡。好不容易捱到二月底、三月初，大夥引頸翹望春天的來到，期待白日變長、氣溫上升、鳥兒開始唱歌！

　　對我們家來說，每年雪融之後、春暖花開之際，也就是全家出動去摘野韭菜的時節！

　　韭菜對國人來說並不陌生，但是野韭菜就頗稀奇。近幾年國人講究養身，有機食品大行其道，歐洲人也不例外。野韭菜顧名思義就是野生的，完全沒有農藥，生在大自然、長在大自然，十足的健

115

森林裡的野韭菜彷彿一層綠絨絨的地毯。（攝影：Carsten Dolbert）

康又有機！歐洲的野韭菜是單片修長的葉片，有長長的莖，狀似菠菜。它的英文名是「野大蒜」（wild garlic），其名如其味；而德文則是「熊蔥」（Bärlauch）——據說是因為熊冬眠過後，會先找這種營養充分的植物來充飢，因此得名。

第一次吃野韭菜，是在瑞士朋友家。她告訴我距離她家不遠處，有一個陰暗的斜坡，上頭長滿野韭菜，想吃的時候，就吩咐孩子一人拿一個塑膠袋去採。我聽了羨慕不已！後來有一次我們全家去林間散步，突然聞到一股濃濃的大蒜味。在好奇心的驅使下，循著味道找去，赫然發現長滿整片山坡地的野韭菜！彷彿一層綠絨絨

的「地毯」，伸手隨便一抓，便是一大把。坡地上沒有行人路徑，那兒的野韭菜全是被保護好好的、自然生長的「天然菜」。而且因為前一天下過雨，葉片上還沾著水滴，像是被洗過一般。

我們喜出望外，只可惜當時身上沒有塑膠袋，只好先象徵性地採了幾片，然後把地點記住，隔天再舊地重遊。一家四口全部出動，不消十五分鐘，就採集了滿滿五大袋！從此之後，這個被我們暱稱「蒜山」的地方，便成了我們每年春天必造訪之處。

摘了這麼多野韭菜回家，該怎麼處理呢？對我這個愛吃餃子的人來說，當然第一個想到拿來做韭菜水餃。除此之外，新鮮野韭菜非常細嫩，炒蛋、煮湯、調味都適宜。於是連續好幾天，我們家的餐桌上都有野韭菜的身影。但是眼看消化的速度不夠快，深怕放久了會壞掉，為了不暴殄天物，於是分送了許多給街坊鄰居和朋友。朋友們在欣喜之餘，還分享了一些菜譜和儲備方式，讓我獲益匪淺。

比方說一位德國鄰居把它直接拿來做生菜沙拉，混在其他蔬菜中，因著野韭菜濃郁的蒜香，給沙拉添加一份特有的辛辣；另一位喜歡自己烤麵包的朋友，把野韭菜剁碎了，拌入黃油、卡蒙貝爾奶酪、一點啤酒、鹽和胡椒，就成了開胃可口的麵包佐料（Obatzter）。

最令我開心的是：一位瑞士朋友教我做野韭菜醬（Pesto）：把菜洗淨、晾乾，先用菜刀將葉片大致切小，加入核桃、橄欖油，和一點鹽，然後全部用機器磨碎攪拌。做好的Pesto呈黏糊狀，可以分裝在玻璃罐中，拌麵、塗麵包兩相宜。最重要的是，Pesto在冰箱裡可以保存一年之久。這樣，下次我便不怕採太多而用不完了。

野韭菜醬呈黏糊狀，拌麵、塗麵包兩相宜。（攝影：Carsten Dolbert）

野韭菜營養豐富，富含鎂、鐵，和維他命C，能殺菌、避免脹氣、預防感冒。唯一的缺點，大概就是它濃郁的味道，讓人吃完之後，仍然「口齒留香」，而且久久不散。這時跟人說話，便不得不「保持距離」。

我們所生活的世界多麼美好！大自然裡孕育著許多寶藏，生生不息、源源不絕。有機食物的盛行與暢銷，讓愛惜身體的人士更加注意與珍惜那些免費、健康自然的食品。我們家冰箱裡的野韭菜醬，份量夠吃一年，不僅可以陪我們度過寒冷無趣的冬天，還能餵養身體的營養需要。等到明年綠草油亮、繁花盛開，就可以再開開心心，去我們的蒜山「補貨」！

另外要注意的是：採摘野韭菜必須非常小心，因為它的外型跟鈴蘭（Maiglöckchen）和秋水仙（Herbstzeitlose）非常相似，而鈴蘭與秋水仙都有劇毒，每年因為誤吃而致命的新聞時有所聞。所以採摘時，一定要認清，最好先摘一片來聞聞味道，確定是野韭菜才食用。

2. 蘆筍的季節

麥勝梅

　　德國的三月，蘆筍悄悄地跟著輕風細雨走進它的季節。

　　人們踏著春天的腳步，喜孜孜地逛市集選購應時的新鮮蔬果。菜攤上，擺設著紅色的番茄和蘿蔔、綠色的菠菜和洋薊或褐黃色的洋蔥和馬鈴薯，堆疊得格外誘人。然而，當人們的目光一接觸到鮮嫩的乳白蘆筍之一瞬間，會不由自主地發出「噢！蘆筍！」的驚喜，彷彿是了久別的好朋友那樣親切。

　　吃過蘆筍的人，都喜愛它的甘味多汁和鮮嫩爽脆的口感。蘆筍是春夏季節一種高纖維低熱能的應時佳品，不但營養豐富，並有利尿、清口解膩、增食慾、助消化，有降血壓、除脂肪、減肥之功

效。此外，又因它含有豐富的微量元素和氨基酸，經常食用蘆筍也可以預防高脂血症和心腦血管疾病，蘆筍不愧為一種養生食材，難怪德國人稱它為蔬菜之王。

　　原來，最早蘆筍的生長地是在歐洲地中海沿岸及小亞細亞一帶。西元前兩百年，古希臘人已把蘆筍作為蔬菜食用，給它取名為「Asparagus」，蘆筍的清鮮口感深得當地居民的喜愛，而羅馬人更將它視為宴席上的佳餚。古代的高盧人、日爾曼人和不列顛人還將乾的蘆筍根用在醫療上。但是到了中世紀，歐洲人忽然不再吃蘆筍，也不再種植了。只有阿拉伯人還繼續種植它。直至十七世紀法國路易十四才重新喚起人們吃蘆筍的記憶，形成了歐洲人今日吃蘆筍的風氣。

　　蘆筍分為白蘆筍和綠蘆筍兩種。德國人多喜愛吃白蘆筍，在營養上兩種蘆筍都旗鼓相當，味覺上也沒多少分別，只是綠蘆筍味道比較濃郁一點，吃起來爽脆，口感也甚佳。兩者之不同處，無非是在於它們生長的方式不同，只要是鑽出土面照到陽光的，就會因光合作用變成綠蘆筍，埋在土中或遮蔽陽光的，就會保持它的乳白色澤。

　　到了蘆筍盛產的五月，吃蘆筍是一種高度的享受，好朋友見面不忘問一聲：「你今年吃過蘆筍嗎？」，這好像我們每逢到農曆五月初五吃粽子，或中秋節吃月餅的期待心情一樣。

　　詩人歌德在品嘗這道清鮮美味的佳餚時，也曾經表露出他熱切的等待，在他眼中，蘆筍不僅只是食材上的極品，更是一個有靈性的紅粉知己，他把蘆筍形容成「身材苗條和戴上一頂有鱗片的帽子」的女子，更因其姣美的外型，還將它比喻為他的情人。

上：營養上白蘆筍和綠蘆筍都旗鼓相當
下：菜攤上的蘆筍

　　喜歡去集市買菜的我，到了蘆筍季節也禁不住引誘，提著菜籃子到集市湊一湊熱鬧。

　　根據我的經驗，在那些擠滿客人的攤子經常找得好貨色，在這些老饕們聚合之處，我偶而聽到他們暢談烹調蘆筍的心得，有人認為蘆筍既不能把煮得太爛熟也不宜太生硬，有人認為用烤箱比水煮來得適宜，還有配上什麼佐料才最醇香好吃，看來怎樣煮蘆筍是一道學問，人人有他一套祕訣。

　　他們的閒聊常常增加我親自下廚的興趣，我的眼睛停留在白玉色澤蘆筍竹筐上，琢磨要買多少來煮一道清鮮的蘆筍湯，耳邊卻不時傳有人叫買一或二公斤的蘆筍，我不禁好奇他們為什麼一次買得那麼多，我一道「蘆筍溜肉片」用不到三百公克的蘆筍，正好遇見我的鄰居穆勒先生，和他攀談起來，才知道在德國的家常菜裡，吃蘆筍可以當飯吃到飽，每人一吃就是半公斤的，吃法通常是蘆筍加上黃色的醮汁，從蘆筍底部一段一段吃起，清香適口，再配吃幾片火腿和馬鈴薯，可稱為大快朵頤。

　　穆勒先生帶著自豪的口吻對我說，他在家裡通常是掌廚的，所以多年來練出一手削蘆筍好功夫，一公斤的蘆筍在短短的七、八分鐘內削好，這叫我好羨慕他一門絕活，通常要端出一盤吃起來不帶渣的光滑細緻蘆筍，那可讓我耗費不少時間了。

　　穆勒先生說，購買蘆筍一定要選擇新鮮的，除了在市集外，在鄉間小路上可以看到設於路邊不起眼的小木亭，在那裡也買得到新鮮的蘆筍，而且賣的通常都是農莊剛收成的自家蘆筍，新鮮的蘆筍色澤白淨，根根都圓溜溜、飽嘟嘟的，那麼嫩滑，和在超級商場裡

賣的大為不一樣。

是的！一個春天只要吃上幾把新鮮的蘆筍，這個春天就值了。

天氣好的時候，我喜歡駕車到小鎮的農莊尋寶，農莊除了賣蘆筍外，還有有機雞蛋、馬鈴薯和嬌嫩欲滴的草莓，在兜兜逛逛中，總是不知不覺地大袋小袋地買回家去。

回到家後，把一袋價廉物美的蘆筍拿出來，這些都是屬於很嫩的上半莖，因為收成時折斷的，所以只要兩歐元半就可買到半公斤，我連蘆筍皮也不必削，洗淨後便準備和馬鈴薯、雞骨一起燉，約十五分鐘後先把蘆筍撈起備用，再慢火燉二十分鐘，然後把馬鈴薯、雞骨撈起。接著，將撈起的馬鈴薯加少許奶油和兩個蛋黃放入攪拌機，攪打成泥狀後和先前撈出來的蘆筍再放回湯鍋裡小煮兩分鐘，用鹽和胡椒粉調味即成。

蘆筍湯是德國菜的一絕，超市裡全年都有賣一包包的湯料，但是煮出來那種味道，豈能和用新鮮蘆筍煮的來得濃郁甘甜呢，所以在蘆筍季節期間（三月中到六月底），再忙也要煮個「新鮮的蘆筍」湯來喝。

上等的蘆筍，價格自然也高。我在農莊花了十二塊歐元買了一公斤，這一袋白玉色澤的蘆筍便是一餐的主食了。我先把最尾端的切掉一小段便慢慢削它的皮了，削好之後，把它分開一半，加上少許黃油、糖和鹽，用錫紙包起來放入烤箱烤三十分鐘，接著便是調汁和煎幾份豬排，做完之後，蘆筍的香味從烤箱也飄溢出來。

這個時候，我可以拉著嗓子大聲通報「開飯了……蘆筍來了！」，叫得人人胃口大開。

　　果然正如我意料之中，把家人通通叫到桌邊的，恐怕是那句「蘆筍來了」。最讓我難忘的還是，當大家張口咬到又香又嫩的蘆筍時，臉上呈現出陶醉的樣子，彷彿正在享受著那「列鼎而食」的滋味一般。

3. 黃金十月、美味南瓜

區曼玲

　　十月的歐洲秋高氣爽，氣候宜人，又因為葉子的顏色轉變，放眼望去，大自然的色彩繽紛燦爛，所以十月被冠上「黃金」兩字，實不為過！秋天也是莊家採收農作物的季節：蘋果、梨子、李子、葡萄、核桃等等，歐洲人在此時慶祝豐收節，感謝上帝賜下雨水和陽光，讓植物得以生長。

　　而黃金十月裡，有一種既營養，又用途廣泛的黃金食物——南瓜，是此時許多家庭餐桌上的常客。

　　二十多年前我住在臺灣時，南瓜還不是太普遍，記憶中餐桌上不曾出現過南瓜這道菜餚。我對南瓜的印象，也一直停留在灰

姑娘童話故事裡，那個被仙女的魔棒一點，霍然搖身一變成新穎光鮮的南瓜馬車上。搬到德國後，家裡第一次出現南瓜，竟是先生的生日禮物！那時，朋友送來一顆「北海道南瓜」（Hokkaido pumpkin），上頭畫了一個露出兩顆牙齒的笑臉，寫上「青春永駐、健康快樂」！朋友說這玩意兒營養豐富，且美味可口，從裡到外都能使用，連皮都可以吃！我把那橘紅色、小皮球般的禮物接過來，身旁一個娃兒嚷著要喝奶，另一個孩子吵著要睡覺，那東西再好，當下我都覺得自己根本不會有多餘的心思與時間去鑽研陌生食物的各種吃法。

結果那顆南瓜被擺在五斗櫃上當裝飾品，一擺就是好幾個月。等到想要去「解剖」它時，已經硬得像塊石頭了。

那次浪費食物的「慘痛經驗」，讓我非常自責。後來等到家事越做越順手，廚藝越來越進步，孩子的作息也步入正軌之後，每年十月我都會買來南瓜，細心烹調，以彌補當年暴殄天物的「罪過」。

話說南瓜原產於美洲，品種繁多、外觀多元、色彩豐富。美國人感恩節時吃南瓜派、萬聖節時雕刻南瓜燈籠等習俗，眾所皆知。自九〇年代起，德國開始種植由日本人改良栽培的南瓜品種，不消幾年，「北海道南瓜」儼然晉升為眾多南瓜品種之星，深受此地人的喜愛。而歐洲人在南瓜的料理上，同樣不遑多讓！

最普及的北海道南瓜食用方法，是煮成濃稠的南瓜湯：將南瓜連皮切成小塊，加入洋蔥、大蔥、薑一起煮，等到南瓜熟軟之後，再用攪拌器把所有東西攪爛呈粥狀，最後加一點鮮奶油，一鍋香濃的南瓜湯便大功告成。

127

上：南瓜營養，用途廣泛
下：北海道南瓜深受德國人的喜愛

秋夜涼如水，此時來一碗熱南瓜湯，既營養又暖胃！

有一次和一位德國朋友相約喝咖啡，途經一家農莊，外面正好擺滿各式各樣、不同大小的南瓜。眼見是瓜，話題自然也不離瓜。那時我才知道：這位朋友愛瓜如癡，煮湯更是有一套。那天她大方地把祕辛傳授給我：起鍋前，別忘了再加一點咖哩，味道會更佳！

一顆大約一千兩百公克的北海道南瓜，可以「一瓜兩吃」：一半作湯，另一半作杯形蛋糕。

第一次吃到外表橙黃，上頭灑有碎末配料的南瓜蛋糕，是朋友請客時的飯後點心。擅長烹烤糕點的德國朋友，沒事時最大的嗜好，就是嘗試、創新各種蛋糕食譜。我們常常是她試驗的「白老鼠」。猶記得當她端出那一盤裝飾得美輪美奐的杯型蛋糕時，大家都好奇：這次又是什麼口味？這位大姊露出一副神祕的表情，說：「你們吃吃看，再告訴我！」大夥七嘴八舌，有人猜是紅蘿蔔、有人說是香蕉，大姊搖搖頭，看著我們這群門外漢，終於忍不住，得意洋洋地宣布：是南瓜！大夥一陣驚呼：南瓜也能做成甜的?!事實擺在眼前，而且好吃得不得了，於是大夥紛紛跟她討要紙筆，連忙記下配方。

這個南瓜蛋糕不僅好吃，作法也不複雜。只需將南瓜連皮一起磨成細絲，混入油、蛋、麵粉和鮮奶油，再加入糖、鹽和薑粉等調味料，分裝在紙杯模型裡，送入烤箱烤二十五分鐘，便成了香噴噴、令人垂涎欲滴的美味蛋糕！

事隔多年，在自己嘗試、認識北海道南瓜的料理之後，才真正了解當年朋友送給先生的生日禮物，真是一個多元、鹹甜皆宜的

「寶貝」。沒想到來自日本的南瓜,飄洋過海,在德國大放異彩,卻也深受我這個臺灣人的愛戴。世界一家的全球化趨勢,也延伸擴展到餐桌上頭了!

4. 說吃蔬菜之神——洋薊

王雙秀

那一日晚餐，坐在厚實的長餐桌前，見檯面上盤碟水晶杯之間安置著沙拉菜與沾醬汁，眼前高腳瓷盤上放著花型的菜色。咦！帶著新奇與喜悅看著對面坐著的亞蘭，他也正淺淺的笑看著我。

沒來由自是回應般的，也對著他就這麼笑開了。

「沒見過這似花又非花的菜色！」我說。

「這菜叫洋薊（Artischoke）！」亞蘭回說。同時細細的對我解說吃法。

我就這麼順著花形圓轉著一層層一圈圈一葉葉的摘下花葉，沾著醬汁品嘗，其味清淡，透著淺甜微酸。

飯後，先生從書架上取下杜登（DUDEN）辭典，翻開來洋薊（Artischoke）的頁面給我看著並細說著這菜的來源典故。

洋薊在處理上，有人覺得複雜，也有人認為簡單。要做的完美一些的話，是要費一點功夫的，先要沿邊修剪粗葉，在三分之一處將整圈的老葉部分切除，這時得快速的將預先準備好的檸檬塗在切開的葉端處，以防止它在接觸空氣之後會變色，連著花的枝幹部分也要切除，也得趕緊用檸檬塗抹以防變色。之後煮水一鍋，加少許鹽，放幾片檸檬，水要蓋住菜薊三分之二。然後中火燜煮三十分鐘

左右。至於沾醬的選擇，那真是生鮮熟食酸甜苦辣等等在不同地區與國家皆有不同的選擇，當主菜配菜都可，真是隨處皆可入菜。

　　後來有一位初到德國不久的朋友無意中也與我笑談她第一次吃洋薊的經驗，是與德國先生到德國朋友家作客。主人端出的主菜是也是菜薊，等吃完撤下之後，正等著下一道「主菜」上桌時，結果一看，朋友笑著說：主人上的卻是甜點了！

　　多年之後，有朋友從中部城鎮來北德，順道來家看我們，帶來的伴手禮是罐裝的洋薊。記得當時我還特意的上網查了資料，知道洋薊是一道珍貴的食材。那時網路已經流行，資訊開始普及以及易得，完全不似過去坐在那厚實的大餐桌上，翻查德文辭典的時代了。

　　朋友說她一見這洋薊就聯想起蓮花，我想這似乎牽連上佛門關係，而我要到近年在佛法中重重攝受之際，才隱隱約約的聯想起從「拈花的佛陀與一笑的迦葉尊者」的故事中而開展出佛門禪宗的典故。

　　原來兩千五百年前釋迦摩尼佛在一次法會上，一手舉起一朵花帶著疑問的面向圍坐的弟子，寂靜中，座下來自四方的弟子均默然無人能回應佛陀，這時卻見人眾之中的迦葉尊者微微的笑了。佛陀一見他笑，大喜之中，也就將他心中醞釀已久以心印心的法脈當眾傳給了迦葉尊者，這是佛門禪宗的起源。

　　最近閒下來，偶而在網路上點擊，發現洋薊的烹煮菜單，出現的不下幾十種，每一位慧心的煮婦都有她的巧思與巧手去烹煮這一道菜餚。

今日說吃洋薊這一道美食，而且說是德國餐桌上的食光，其實，這洋薊並非原出於德國。它的原產地在地中海地區，學名菜薊。據莫妮卡、瓦拉（Monika Vala）的紀錄，早在古埃及的水果圖像中已經發現有洋薊，希臘最早的食用時間是在紀元前八世紀左右。而羅馬人在西元第一世紀中已經將它視為奢華的食材了，並且開發出一套養殖計畫，然古羅馬帝國崩潰，這珍貴食材的記憶逐漸被人遺忘。一直到十五世紀才再度被人又發現了而廣佈的流傳起來。目前地中海地區依然是洋薊的主要產地。量產最大的國家是義大利，它也是義大利最主要的傳統食材。

說到洋薊的養殖計畫，近代乘著科技文明之羽翼，洋薊的養殖場已經跨出地中海地界，從歐美到亞洲都各顯在地風光的創造出類別相異的菜薊文化。它被尊稱為蔬菜之神。具備藥食同源的特質。就是因為它淺甜微酸的質地，也讓它成為維護人體健康的多途供應者。

一位朋友說看過一部以中古世紀為背景的電影，劇情中有人們在大快朵頤之後，就是以洋薊來消化肥膩的飽足感。

洋薊除了有幫助消化的作用，它的葉片飽含菜薊素，可以養肝保膽，對於血糖與心臟都有助益。因此，雖然說的是餐桌上的歐遊食光，隨緣而遇這一位蔬菜之神，又具備藥食同源的特質，因此順筆將它對宇宙的好處也在此處提一下。

除了醫療上的大用，它在工業中可用來製作生物柴油與生物燃料，這在目前清潔能源急需時代都是重要的新能源補及品。還可製造成食用油，肥皂，洗髮精與鞋油等日常用品。

　　而它美麗的花型賞心悅目，成為私人家庭中的觀賞植物，更有大型的養殖地區發展成為可以觀光的景點。洋薊的收成雖然說是在春秋兩季，也就因為收成時期長，因此幾乎全年在某些蔬果市場都能買到它。自然以春季與秋末的品質最好。

　　近日到蔬果市場，不忘在蔬菜攤上尋找洋薊的身影，這一日居然在一家土耳其民生食品市場見到整齊的菜攤上正有一顆顆排列整齊的淺紫花色的洋薊，不加考慮的就買下三朵，女兒女婿來家吃飯，這就當作前菜上桌，至於沾醬，選了製作方法最簡單的迷迭香（Rosmarin），加橄欖油，鮮乳酪（Creme Fresch）加優酪乳（Jugurt）。這次買的洋薊型小，因此大半的花葉幾乎都是可吃部分，見女婿將吃過的花葉整齊的排列在餐盤邊緣，煞是壯觀，德國的秩序（Ordnung）於此處生出。還有剩餘的枝葉部分未能上桌的取來煮成湯汁當飲料來喝，真是倍感欣慰，因為知道它多途有利於健康的功能，喝的安心。

　　說起來，洋薊在德國並非一道家常菜色，吃過的人並不普遍，初來乍看，通常不懂如何吃法，因此在特殊的宴客時日，打理出一盤美麗新奇的洋薊以饗客人，該是主人的奇思妙想，而菜薊之所以被尊稱為蔬菜之神，自是有它具備的條件，隨然不能如觀世音菩薩般在千處祈求千處現，但是卻也具備大慈大悲廣布感應的觀世音特質在人間行走。

5. 千姿百樣話馬鈴薯

鄭伊雯

　　每當金黃盈秋的十月，每二年德國科隆都會迎來全世界規模最大的ANUGA食品展，與臺灣友人餐敘，總不免俗的要來上一客德國豬腳大餐，而佐餐的常就是圓滾、顯目的二顆球狀主食，德文稱為「庫奴德」（knödel），以德文來發音，八竿子無法連想那是哪種食材所製，然圓潤Q彈的口感，不但易於咀嚼入口，更是飽腹感十足，這新奇的「庫奴德」是甚麼呢？

　　有別於亞洲麵食與米飯的飲食傳統，德式料裡的餐桌上，庫奴德蔚成要角，其做法就是把馬鈴薯（德文Kartoffel）搗碎後，加上雞蛋和麵粉，捏成球狀，水煮而成。因應各地傳統飲食的變化，有

些庫奴德內會加上絞肉、培根、洋蔥、香菜等，可說是極具德國特色的主食。難以想像吧！馬鈴薯作物還能做成如此奇特口感的馬鈴薯球。

在亞洲，馬鈴薯只是佐餐的根莖類疏菜之一，做做燉肉、與咖哩料理時，不可或缺的重要食材。而在德國，馬鈴薯卻晉升為主食作物，除德國麵包外，德國家庭的熱食常與馬鈴薯脫不了關係，舉凡馬鈴薯泥、炸薯條、炒薯片、水煮馬鈴薯、馬鈴薯丸、烤馬鈴薯、煎薯餅⋯⋯等等，煎煮炒炸，直把馬鈴薯的各種變化，發揮得淋漓盡致，似乎馬鈴薯這一食材，早已稱霸德意志民族餐桌久矣！

非也，非也。

其實，馬鈴薯實非歐洲原始植物，馬鈴薯原鄉遠自南美洲的祕魯山區，隨著西班牙人冒險犯難遠征的足跡，於十六世紀下半葉才被帶回歐洲。初始，還是做為觀賞用的花卉植物，直到十七世紀馬鈴薯才被歐洲人食用。但是，因對馬鈴薯的誤解，誤認其有劇毒，不登大雅之談的作物，不入貴族之眼，只是貧苦人家不得不吃的果腹食物，隨著饑荒與戰亂，易於繁殖的馬鈴薯逐漸成為貧困地區的主要作物。

十八世紀時，馬鈴薯雖已傳入德國，然保守的德國民族性依然故我，陌生的食物決不入口。當年的普魯士國王，史稱腓特烈大帝的腓特烈二世（Friedrich II von Preußen, der Große，1712-1786）卻是位勇於嘗新的君主，他為了破除馬鈴薯有毒的迷思，親自試吃馬鈴薯，推崇種植馬鈴薯，領軍帶頭把馬鈴薯作物推廣給轄內人民百姓。原本德國土地貧瘠，可以種植的作物有限，產量也不高，在天

災和頻繁的戰役之間，餵養人們的食物難飽足，所以腓特烈大帝推展的新政中，推行農業改革，推廣馬鈴薯作物乃是當年重要的農業目標。雖然，馬鈴薯的推廣非一蹴可幾，人民的接受度不高，但隨著其他作物的欠收與低收成，漸漸的普魯士人民開始接受馬鈴薯做為飽腹的主食，馬鈴薯逐漸紮根，人民日漸仰賴馬鈴薯得以安居立命、繁衍族群。至今，為感念腓特烈二世的獨到眼光，德國把腓特烈大帝稱為德國馬鈴薯之父，在其波茨坦忘憂宮的墓碑上，總會放上馬鈴薯作物與數顆馬鈴薯以茲紀念。

就連十月底，德國各邦連續放完的秋假，也是德國農業社會留下來的傳統假期。昔日農忙時，孩子雖然也會上學，但值秋收期，人手不足，學校放上二個星期的假，讓孩子們都去田野間，幫忙採收最重要的馬鈴薯作物好過冬，所以德國的秋假又稱為馬鈴薯假期。現今德國社會雖已非家家務農，但秋假傳統依然留存，這可不是歐洲其他國家都有的假期之名。

不只是德國人民因馬鈴薯得以安飽，整個歐洲都因為馬鈴薯的普及，得以度過無數次的戰亂與饑荒，尤其是貧困人家的餐桌，低廉價美的馬鈴薯是每日賴以為生的主要來源。如荷蘭畫家梵谷（Vincent Willem van Gogh）早期的畫作中，於1885年的著名作品『吃馬鈴薯的人』（荷蘭文De Aardappeleters），黝黑強烈線條的油畫中：一盞煤油燈下，一家五口人享用的晚餐就只是一盤切塊的馬鈴薯。梵谷筆下的清苦，貧乏的食物和簡陋的擺設，一家人的重要晚餐卻只是一盤馬鈴薯，豈不清寒貧苦呢！如同臺灣早期社會，貧窮的家庭只能吃些地瓜籤稀飯，摘些地瓜葉來配菜，地瓜之於臺

灣早期貧窮家庭的連結，和馬鈴薯之於歐洲窮困人家，具有同樣的悲苦情節與生活寫照，都是屬於貧窮老百姓的農民之食。

　　二、三百年過去了，馬鈴薯不再貧苦，也不再悲情了。人們了解馬鈴薯具有低熱量、低脂肪、富含大量的碳水化合物，能提供人體足夠的熱能，還具有蛋白質、礦物質和豐富的維他命等多種成分，是一健康的美妙食材。今日，只要走入德國市集與超市，各種品種的馬鈴薯，珠圓土黃，誘人購買。各種衍生創造的馬鈴薯做法，不勝枚舉，精打細算、善於廚藝的家庭主婦，單就運用馬鈴薯這一超級食材，就可以有成千成百的菜色變化。

　　當我旅居德國後，開始學習如何烹煮馬鈴薯的廚藝大全。舉例來說，把馬鈴薯簡單削皮後，水煮馬鈴薯就是德國佐餐的主食。若水煮的馬鈴薯吃不完，切成小塊，炒上蛋與番茄，可以簡單變成另一道馬鈴薯簡餐。煮好的馬鈴薯壓碎，調合濃濃奶香，可以做成佐餐的馬鈴薯泥（Kartoffelpueree）；也可以搭配蔬菜，拌成輕食的馬鈴薯沙拉。壓碎後的馬鈴薯泥，加上蛋與麵粉，捏成球狀，可以水煮成庫奴德；也可以包入肉餡，捏成圓餅，炸成馬鈴薯可樂餅，或是馬鈴薯丸。

　　若是把馬鈴薯切絲再油煎，就是德國聖誕市集都會販賣的馬鈴薯煎餅（Kartoffelpuffer），類似的做法也可煎成瑞士國菜的馬鈴薯絲餅。當然，削皮切成長條狀的馬鈴薯，炸成薯條是最普遍的做法，滿街都可以找到灑點鹽巴的原味薯條。若不削皮，切成條狀，灑上調味料、鹽、胡椒粉也可以烤成鄉村薯條，或是馬鈴薯片。整顆馬鈴薯細心的切片而不切斷，可以烤成手風琴般展翼的風琴馬鈴

139

薯。整顆馬鈴薯烤熟，切開放入奶油，也就是西餐最愛佐餐的烤馬鈴薯。

把洋蔥和培根爆香，與馬鈴薯一起炒熟，也是德國家庭常見的煮法。馬鈴薯蒸熟後，搗碎混入麵粉後發酵，可以烤出馬鈴薯麵包。馬鈴薯煮熟後，搗碎又可以煮成馬鈴薯濃湯，也可以熬出雞湯或是蔬菜湯。而許多傳統的德式大鍋菜（.Eintopf），各種大鍋菜都會切入馬鈴薯，以增加美味與飽足感。最重要的是，秋冬來臨的德式酸菜（Sauerkraut）鍋，加入水煮豬腳、香腸或是豬肉等，一定會加入馬鈴薯塊為主食。

若是不想把馬鈴薯當成主食，我們在米飯和麵類的搭配下，把主菜的菜單選擇，從馬鈴薯燉肉、紅酒燉牛肉、咖哩雞、滷肉鍋、燉泡菜鍋、炒馬鈴薯絲……等等隨手可煮的菜色，琳瑯滿目的各種做法，每天必定會出現在餐桌上的馬鈴薯，可以天天餐餐千姿百態，變化無窮成一道道美味佳餚呢！

6. 鄉村小館

穆紫荊

　　先生的家鄉康登臨近德法瑞三國交界區。也就是德國南部鄰近法國和瑞士的那個小小尖角裡面。從那裡到瑞士的巴塞爾十五公里，到法國慕爾豪斯十公里。如果不是自己開車，而是坐火車的話，則停站的地方在瑞士境內。如果是坐飛機，則下機的地方在法國境內。而我們每次去那裡，到德國家鄉小村內的小館去吃飯則是必有的節目之一。

　　說是鄉村小館，其實也可叫做農家餐館或者豬圈餐廳。前者直接點明了餐館的主人就是當地的地主或者農莊主。後者則更直接地點明了餐館的地點就是在豬圈或者牛棚的邊上。據說這種鄉村小館

鄉村小館

在德國的農村比較常見。它們所形成的原因是以前那些養豬養牛的
農莊主們自己在殺豬或者殺牛的時候，都會邀請鄰居開屠宰派對，
吃一些當場放出來倒入熱水中的血湯或者其他的零雜燒烤。久而久
之，鄉間餐館就形成了。它們的菜譜一般都比較大眾和簡單。比如
湯就只有馬鈴薯湯，肉也往往只有豬肉類一種。副食通常就是煎馬
鈴薯塊。色拉也是由四種以內的時令蔬菜搭配而成。如果是在秋
天，則同時供應當地所出產的葡萄初酒。

　　在我婆家所在的那個地方，還有一道常年不衰的供應就是洋
蔥餡餅。這種在德語裡面被稱作Zwiebelwaie或者Zwiebelwaihe的食

品，是德國南部的一道農家特產。粗看上去，它像是一種不放奶酪的僅以洋蔥為主料的另類披薩。然而，實質上，它有很獨特的和披薩完全不同的口味和做法。首先，它所用的面，是不放橄欖油的。披薩的面不僅必須放一點橄欖油，而且美式的甚至還放酵母。用的是油發麵。而洋蔥餅的面，是純粹的無油無酵的面。且薄得如紙片。其次，洋蔥不是生的鋪在面上，而是事先和黑森林火腿一起在黃油裡面炒軟了之後，澆上蛋汁待其冷卻，然後再撒上奶酪放入烤箱去烤的。烤制的時間是二十五分鐘左右。它吃上去的口感是面皮很薄很脆，洋蔥很軟，火腿極香，雞蛋糊則在洋蔥和火腿之間稠嗒嗒滑溜溜地吊鮮。

按照各人的口味，你還可以選擇加香芹籽或者原味。加了香芹籽的洋蔥餅，更添一層濃郁的異香，而原味的就保持樸素自然的口味。開始的幾次，都是我先生要加香芹籽的，而我不要。可是嘗了幾次他的之後，我很快地也喜歡上了香芹籽。這道菜，從德國南部的鄉間，已經流入城市餐廳。在諸如弗萊堡之類的德國南部，十有八九可以在菜單上面找到這道風味。

有吃就必要有喝。在秋天，配洋蔥餡餅最好的飲料是葡萄初酒Federweisser。葡萄初酒是指秋天剛剛開始有一點點發酵的葡萄汁。它的口味富有葡萄汁的甜蜜和酒的芳香。且因著每天酵母的變化而每天都從甜到酸生出不同的口感。這些葡萄初酒的酒瓶都是不能蓋嚴蓋子的。因為酒內的酵母讓酒生出很多氣泡，所以蓋子都是松的套在酒瓶脖子上的。這種酒甜度高，酒精度低，是介於果汁和葡萄酒之間的一種季節性特殊飲料。它是德國金色秋天裡的一道飲

食風景，每年只有在秋風乍起的時節，才有供應，一旦入秋已深，初酒成熟，便消失得讓你無處尋覓。它的品種有紅葡萄初酒和白葡萄初酒兩種。

　　為了防止酵母過快地發酵，在商店裡面賣的時候，也是放在冷藏柜裡的。拿上手以後，不可以搖晃，否則那未封蓋的酒液有可能冒泡外溢。開車回家的時候，也必須十分小心保持酒瓶的直立。所以，因著這樣的一份小心和短暫，葡萄初酒在餐桌上面便也顯得格外的雅致。在葡萄園成片的地方，更是成了鄉村小館的首選特色飲料。如果錯過了秋天，鄉村小館裡面的特色飲料是什麼呢？一般來說就是由當地的蘋果所釀成的蘋果酒了。

　　德國的鄉村小館，除了所保留的是鄉村最淳樸的吃食風俗之外，它那極具農家特色的內部裝置也是讓我覺得喜歡的原因之一。和一般磨坊餐廳相似，各種大小的木制磨坊轉盤是主要的裝飾之一。此外，還有各種由稻草和色彩鮮豔的棉布所編制成的花環和吊飾。粗糙的，由大塊石頭或者木頭所鋪成的地板，襯著屋頂下深褐色的暴露著裂縫的木樑，以及一律木製的座椅，配著牆角的一架老式得已幾乎發不出聲音來的鋼琴，以及那鋼琴上面的古老銅質燭臺，再加上秋日那種昏暗而又不失柔情的夕陽所投射進來的光影，都讓我走進去之後，便產生了一種自己像是一只偎灶的貓般的感覺，只想卷縮了雙腿，環抱了膝蓋地閉上眼睛，去聽侍者用濃厚的地方方言招呼客人，去聞從廚房裡端出來的洋蔥餅的香味。間或，從隔壁的牛棚豬欄或馬圈裡，也會傳來一兩聲豬牛的哼哼或馬的噴嚏。這時候，先生總是會開玩笑地對我說：「看來是廚房裡面的臘肉用完了。」

　　鄉間的秋天是極美的。蘋果和胡桃挂滿枝頭，田野上到處是被收割後捲成一大坨的乾草。對行路趕腳之人，於寧靜的傍晚，在夕陽晚霞的陪襯之下，找個鄉間餐廳坐下來喝兩杯葡萄初酒或者蘋果酒，吃一大盤洋蔥餡餅，聽當地人聊一聊今年的收成，和小村裡的新聞，不失為一種非常親切而又愉快的體驗。

7. 德國北威州 鐵三角的 特色咖啡

高蓓明

　　我所居住的地方是在德國北威州的西南角，靠近荷蘭的邊境，號稱Bergische Land，直譯為「山之地域」，這個「山」是幾百年前這裡的一個貴族的家姓，他們控制過這裡的一大片區域，權力曾經達到過萬人之上，皇帝之下。今天的「山之地」比之當年的範圍要小了許多，僅僅包括三個城市：Wuppertal，Solingen，和Remscheid。有人把這三個城市統稱為德國的鐵三角，我認為這個稱號起得很妥帖，符合它們的歷史身分。

　　二、三百年前，這裡的人生活貧窮，多數人以打鐵，織布為生。因為這裡多山多溪水多河流，很多人家沿溪築棚，開鐵匠鋪

子，因為打鐵的錘子要靠水力推動，先打制出粗品，再用人工將之打成剪刀鐮刀和鐵犁，這就是為什麼今天的Solingen「雙立人」刀剪名氣響徹全球，因它裡麵包含的是悠久的人文歷史和高優品質。

　　這個地區有一種很特別的喝咖啡的方法，當地人稱之為Bergische Kaffeetafel，我把它翻為「山地咖啡」。我們居住的鎮上有飯店供應山地咖啡，但是要預訂，而且人數至少要在六人以上才會接受預定。可見一般家庭只有在重大慶典活動時，才會去吃山地咖啡，從而理解當地人對這種吃法的敬重。我在這裡已經生活了二十五個年頭，吃到現在為止，最喜歡的一家是在Solingen古堡的山腳下。

那麼山地咖啡到底包含了哪些內容呢？

首先它有一個很特別的咖啡壺Dröppelmina，其次它含有豐富的當地特產：店家自製的華夫餅配上熱的櫻桃醬和慣奶油、牛奶甜米粥加肉桂粉、葡萄乾白麵包、黑麵包、灰麵包、各種口味的麵包乾、黃油、乳酪、血腸、肝腸、生火腿片、蜂蜜、圓蛋糕、當地的乾麵包圈。全部吃完後，再來上一小杯燒酒，清理腸胃。喝這種咖啡所使用的餐具一定要用當地一種藍白瓷器，上面描有傳統的洋蔥頭花紋。

喝山地咖啡的習俗究竟又是怎樣來的呢？原來從十八世紀起，這裡的人在用早餐時，就開始喝咖啡了。但是窮人只能用一種類似咖啡的代用品Muckefuck做飲料。如果碰到重大的慶典活動時，有人就會烤一些華夫餅，麵包補充之。到了十八世紀後期，有人將咖啡或Muckefuck裝入一種錫制的容器Dröppelmina裡。這個容器實在是一種非常美麗的藝術品，它有圓圓的身子和三個腳，可以穩定地放在桌子上，一個小龍頭，左右兩邊有彎曲的把手，頭上有個小蓋帽。因為當時還沒有發明咖啡濾紙，所以有咖啡渣存留在底部，當咖啡從這個小龍頭裡流出來時不通暢，總是滴滴答答的，所以被當地人稱作Dröppel，Mina是女管家的意思，每次喝完咖啡後，女管家必須澈底地清理這種容器，另外它圓圓的外形同一個肥胖的女管家的形象也很相稱，所以Dröppelmina的叫法就傳開了。

說起來，這種咖啡壺同中國還有些聯繫。傳說十七世紀時，有個荷蘭水手從中國帶回來一個瓷茶壺，但是在運輸途中破碎了，後來他找到匠人，用錫做了個外形相仿的茶壺，再後來就演變成了

Dröppelmina，傳到了這裡鄰近荷蘭的「德國山地」。這種壺一般重兩公斤左右，以保證灌滿了咖啡的壺放在桌上，不會傾倒。

十九世紀後葉，德國人開始流行郊遊，有許多人坐上了火車，來到這裡。當地人就為客人們準備了豐富的咖啡茶點，用當時的廣告詞來說：絕妙的咖啡加豐富的食物，農家的甜米粥，天天是偉大的咖啡革命……。到了1929年有人把這種咖啡和麵包餅乾的供應方法稱為「山地式咖啡」，經過十年的流傳，最後以Bergische Kaffeetafel的叫法固定下來。

後來第二次世界大戰發生，這種吃法就此消失。到了1963年，有人懷舊，又開始把它搬出來了。這時的廣告詞又變成了這樣：「Kaffeetrinken mit allem drum und dran.」，意思是說，這個那個，全都圍著咖啡轉！

當然，現今這裡的咖啡館和飯館供應的山地咖啡都視自己的愛好來供應，並非包羅萬象，但是品種也是非常豐富的，量也是足足有餘的。比如，我們在Solingen古堡邊上那家飯店吃的「山地咖啡」包含了現烤的山地華夫餅、上面撒上糖粉、熱櫻桃汁、鮮奶甜米粥；還有新鮮的乳酪、二種口味的麵包乾、自製果醬、乾麵包圈、雞蛋糕、黑麵包、灰麵包、葡萄乾白麵包、黃油、火腿和乾乳酪，當然少不了主角Dröppelmina。山地咖啡可以作早餐用，也可以早餐午餐並用，或者下午茶點時用，視各人情況而定。

如果要品嘗原汁原味的十八世紀山地咖啡，可以在一家鄉俗博物館裡享用到，但這裡面不含有奶油，熱櫻桃醬和香腸。因為最初的山地咖啡還沒有達到十九世紀的繁榮和奢侈。當年吃山地咖啡的

時間僅限於下午，而且只能在有重大節慶的時候享用。吃的時候眾人靜候在桌邊，等所有的食物端上來，「叮」的一聲有人打鈴，這是在提示：可以開吃了。首先吃的是帶葡萄乾的白麵包（按德國人飲食習慣，甜食應該在最後吃，但是這裡先吃的原因是，在十八世紀初時甜食還是一種奢侈品，大家難得有機會享用），依次塗上黃油、蜂蜜和牛奶厚米粥，再撒上肉桂粉和白糖；然後喝咖啡；接下來吃黑麵包，塗上黃油和新鮮乳酪Quark；最後喝一口白燒酒以助消化。喝燒酒用的不是小杯子，而是一個用傳統工藝打制出來的錫質調羹，這種調羹可以在博物館的小店裡買到，相配的木質架子的背後有專門的蓋印，表示是用傳統工藝製作的。

　　先生的祖母喜歡收藏Dröppelmina。我問過先生，他們的家庭在六、七〇年代時，常常在家裡製作山地咖啡招待客人，用的就是老祖母的這些咖啡壺。老祖母過世後，她的兩個最大的Dröppelmina分給了二個孫子。我們只用它來作裝飾品，不會真的用它們去喝咖啡。有一次收古董的人來我家看收藏，他告訴我，這些Dröppelmina都很好出售，因為這裡的人們熱愛他們的傳統文化。用錫來做容器的歷史早已經過去，只有用錫做的咖啡壺Dröppelmina，還在源源不斷地生產著。我的婆婆給我們留下了一套白底藍色洋蔥頭花紋的瓷器。每每看到這些瓷器和老祖母的Dröppelmina，我的眼前彷彿就會出現一幅場景：某一年的夏天，我母親和我姐姐來我這裡探親，七十多歲的婆婆親手做「山地咖啡」招待她們……

　　每每想起這樣的場景，讓我心裡感覺好溫馨。

8. 德國豬腳的遐想

謝盛友

　　1988年我到德國巴伐利亞自費留學，假期裡在建築工地打工。在國內時我練過南拳，而且是馬拉松長跑運動員，按理說我算是有力氣和耐力的人。可是，在工地上，我如何使勁，就是沒有德國工友的一半力量，他們的耐力，我只好望洋興嘆。一到中午休息，我立刻席地而睡，他們卻在那裡有說有笑。

　　三個星期後竣工，老闆請客吃飯，慰勞我們。坐下來還沒有十分鐘，跑堂就一盤接著一盤端上德國豬腳（Schweinshaxe）。表皮酥脆金黃，眼看誘人，肉嫩，口感好，佐以葛縷子種，搭配辣根和法蘭克福綠醬。傳統作法中，綠醬的顏色來自荷蘭芹、雪維菜、琉

璃苣、茴芹、獨行菜、細香蔥與酸模。這道醬汁傳聞由德國大文豪歌德之母親首創，其實沒有歷史根據，那是後來著書者天花亂墜。但從歷史文獻中可以閱讀到，歌德在威瑪擔任國務院長時，確實請其母親為他製作了這道醬汁，用驛馬車飛快送到威瑪。

不消一會兒工夫，坐在我對面的赫爾曼吃完三個豬腳，還有馬鈴薯泥、酸甜甘藍等。我內心驚嘆：「我幹活幹不過德國人，連吃飯也吃不過他們。」

那頓德國豬腳，令我刻骨銘心。一年後上海汽車集團的朋友來訪，於是帶領他們到那家地道的巴伐利亞餐館，用餐幾小時後，我驚訝地發現，我們當中沒有一個人能把那大塊的烤豬肘化整為零。

整體上講，德國人愛吃豬肉，特別是烤炸的豬肉。德國人是游牧民族，祖先沒有定固居所，打獵狂吃，應該有他們的基因或血緣傳統。

日耳曼民族，最早的部落可追溯至北歐銅器時代，西元前一世紀，部落開始從斯堪的納維亞半島南部和德國北部逐漸向南、向東和向西擴散，逐漸地，日耳曼部落在萊因河、多瑙河沿岸定居，佔據了現今的德國地區。

我們是農耕民族，居住固定，按時吃飯。游牧民族不怕孤獨，喜歡挑戰，他們的「野蠻人」教育從兒童抓起。《德國少年兒童百科知識全書‧WAS IST WAS：游牧民族》內容老少皆宜。小孩在幼兒園裡就被告知：匈奴人來自哪裡？他們為什麼會令人感到恐懼？為什麼西哥特人要入侵羅馬帝國？羅馬人面對「野蠻人」的入侵有什麼反應？為什麼汪達爾人要侵占羅馬？規模龐大的民族大遷

徒到底給歐洲歷史帶來了怎樣的改變？

游牧打獵是德國人最重要的傳統文化之一，幾乎所有城鎮鄉村都有自己的市民防禦協會，每年舉行射擊節（Schuetzenfest），一代代一輩輩傳承著，並將其演化成如今的重大節日，年年慶祝，每年比賽決出一位「射擊王」。

「鐵血宰相」俾斯麥的父親斐迪南・馮・俾斯麥，終日只與友人打獵，以三十五歲之高齡才娶妻，那時候，實屬著名晚婚晚育者。但他把俾斯麥培養成為出色的軍人，為國盡忠。

現在，德國愛好打獵者，必須通過德國狩獵協會的考試，才能持有狩獵證。當今，德國很多家庭在山裡頭，還有與世隔絕、沒有電、沒有自來水的小木屋。他們定時在山林裡狩獵打獵，烤肉，盡量保持祖先傳統，吃原始味道的野豬肉。在深山密林中，濃厚而粗獷的巴伐利亞啤酒和原始的大塊燒烤，讓你忘記城市，也忘記了現代。

說德國人只會「大塊吃肉、大口喝酒」，以偏概全，也不符合日耳曼的歷史和現實。但是，德國菜肴的特點是大塊的肉、蔬菜、醬汁，三者分開，他們不太習慣華人的醬汁混合蔬菜炒肉片。這與德意志民族的國民性格有關，他們的菜肴像德國人的性格一樣，註重經濟、實用、實惠，不那麼愛講排場，卻不失外在的美觀。

週日烤肉大餐是德國的優良傳統，每逢週日，中午十二點半上過教堂後就將烤得軟嫩的大塊肉端上桌享用，沒吃完的施瓦本地區的人就當作方形餃（有一點像中國人的餃子）的餡料。據說這種施瓦本特色料理是一所名為毛布隆的修道院修士們所創：四旬齋時他們還是想吃肉，因此偷偷把肉藏在麵皮裡，以免被上帝察覺。

　　長期以來，德國菜吸收了歐洲其他國家菜肴的特點，刪繁就簡，它的西式風格反而比較接近華人的口味，尤其德餐中的巴伐利亞烤豬肘、烤豬膝，即使沒吃過任何西餐的華人都能接受。德國是歐洲國家中消耗豬肉量最大的，這一點也與中國相像。

　　不同的是，德國人在飲食方面的開支不如中國人，他們每個月所賺的錢中大約只有百分之十一花費在飲食上，名列所有歐洲國家的最後一名。但是，越來越多的德國人願意多花更多的錢，讓自己吃得更健康、更環保。

　　飯飽酒足，席間閒聊，老闆是達姆施塔特人，話題自然談到古廣明，這位廣東韶關人，是八十年代我最敬仰的踢球者，中國球隊中唯一一位做到帶球不用看球的技術型運動員。他十六歲就入選了

▌德國豬腳

國家足球青年隊，十九歲成為了中國國家足球隊隊員。曾代表中國國家足球隊參加過1982年西班牙與1986年墨西哥世界盃預選賽；他是中國第一個效力於外國俱樂部的球員。1987年到1993年在德國達姆施塔特隊。古廣明在效力德乙的第一個賽季的首場比賽便打進一球，他在第八十三分鐘進球鎖定了全場比分。那個賽季，他以主力中場的身分在三十二場聯賽裡打進六球。

說到古廣明，在場的德國人就翹起大拇指稱讚。我告訴他們，中國南方人缺乏耐力，經不起摔倒跌打，古仔好運不會長久，競爭對手看錄像研究後，派人盯住，扳倒你受傷，就沒用了。不幸，古仔的命運正好被我言中。

愛吃肉的德國人，喜歡運動，因為需要運動熱量來消化肚子裡的脂肪。每五個德國人就有一個踢足球。德國足球屬於力量型足球，被稱為綠茵場上的「德國戰車」。有一種說法非常有意思，就是韓國人輸給德國人，是因為「新興的亞洲力量型球隊還跑不過傳統的歐洲力量型球隊」。

9. 德國朗客熏啤

謝盛友

　　朗客熏啤（Aecht Schlenkerla Rauchbier）按照1405年以來的傳統釀酒祕方，由三種精心挑選的配料制造而成。朗客熏啤擁有獨特的色澤和煙熏風味，這是來自於朗客熏啤的獨特釀造方法。在巖石地窖裡，專家采用上等的大麥提取麥芽，接著使用櫸木的煙熏把麥芽烘乾，以從中贏得朗客熏啤獨一無二的煙熏氣息。為了保持朗客熏啤純正的特色，在加工過程中朗客熏啤只選用熏焙麥芽，啤酒花和上等的德國礦泉水作為釀酒配料。

　　英國作家Michael Jackson（1942-2007）曾在《The World Guide to Beer》（1977）一書中這樣寫道：「德國朗客熏啤不僅在啤酒

▌德國朗客熏啤酒

中，而且在所有酒類產品中都可謂是酒中經典，它是世界上最著名的熏啤。」

　　熏啤是班貝格（Bamberg）這座城市的特產。而Schlenkerla是班貝格最受歡迎的，歷史最悠久的熏啤啤酒館之一。它座落於老城區中大教堂腳下的一條小巷中。沒有去過Schlenkerla啤酒館，沒有品嘗過獨一無二口味的德國朗客熏啤，就不能說到過班貝格。

　　Schlenkerla「老酒館」為了保持木質的耐用性，酒館內古老的木質橫樑在很久以前曾被塗抹過公牛的鮮血。隨著時間的推移，它的顏色也就愈加變深。在酒館的牆壁上還裝飾有班貝格的版畫。整個布置古色古香，很具有巴伐利亞的傳統特色。

　　在德國最著名的啤酒之鄉巴伐利亞，啤酒存在的歷史幾乎和當地的歷史一樣悠久，可以追溯到公元前的古羅馬時代。德國人都以自己的啤酒文化的精純而自豪，這是有史可考的。公元1516年，巴伐利亞公爵威廉四世（Herzog Wilhelm IV.）為了保持啤酒的精純，編纂了一部嚴苛的《純淨法》（Reinheitsgebot für Bier），明確規定只能用大麥（以及後來的大麥芽汁）、水及啤酒花生產啤酒，這是人類歷史上最古老的食品法律文獻。2016年，德國在策劃和推動《純淨法》五百周年慶典。

　　德國啤酒至今聞名於世，在很大程度上歸結於德國的啤酒《純淨法》。因為有了這《純淨法》，德國啤酒的質量和穩定性都有了保障，所以才能經久不衰。在1290年自由帝國城紐倫堡（Freie Reichsstadt Nürnberg）就頒布了一條禁令，不許用燕麥、小麥、黑麥和斯佩爾特小麥許用燕麥、小麥、黑麥和斯佩爾特小麥，而只許用大麥釀啤酒。這條禁令被誤認為是最早的啤酒《純淨法》。實際上這條禁令的作用只是為了避免糧食的濫用，特別是在歉收年裡。

　　頒布《純淨法》真正的原因是因為當時釀啤酒時，什麼亂七八糟的植物都往裡加，包括香料、水果、雜草等等，有的甚至是有毒的。加這些東西的原因有很多，有的是作為啤酒花的代用品，有的

是因為其毒品的作用,有的則是為了延長啤酒的保存期。那時啤酒的味道之雜由此可想而知。所以才會有這《純淨法》。

這條法律後來為德國其他各州所采用。從1906年起,正式在整個德意志帝國有效。今天這條法律在德國依然是釀制所有底層發酵啤酒法規的基礎,在釀制表層發酵的啤酒時,還要加上小麥芽。

當初在建立歐盟統一市場時,德國人還為此和歐盟吵了一場。因為別的國家並不在乎這條法律,因此德國啤酒在競爭中處於不利地位。爭吵的結果,是歐盟法庭廢除了這條法律。但德國人固執已見,繼續在德國國內市場執行他們的《純淨法》。別的國家沒按《純淨法》釀制的啤酒,在德國並不好賣。歐盟也投其所好,1996年規定按《純淨法》釀制的德國啤酒,屬於「傳統食品」。這「傳統食品」歐洲僅有十五樣,德國僅有啤酒入選。

對於德國男人來說最爽的事情,無非是吃吃燒烤,豪邁地喝啤酒,和朋友三五小聚一下。對於中國男人來說「不到長城非好漢」,而德國男人則「不喝啤酒真遺憾」。

那年「父親節」我們幾個老中把老婆和孩子冷落在家裡,「父親們」相約到山裡漫步,下山後到鄰街啤酒館,一家酒館輪到另一家,我們每個人都不知道自己喝了多少杯。天公做美,晴空萬裡,陽光暖暖,老朋友伍立乾脆在啤酒館門前躺下曬太陽,鄰居以為他病倒了,打電話叫了救護車,等救護車到達時,我們已經轉移到了朗客酒館。

多項研究發現,常喝啤酒有多種保健作用。特此附上Forbes 2006年3月16日公布的健康調查年鑑:

1. 保護心臟：意大利研究發現，適量飲用啤酒的參試者比滴酒不沾者罹患心臟病的危險降低42%。但每天喝啤酒應不超過一品脫（約473毫升），相當於1.4罐。

2. 有益大腦和記憶：美國研究發現，參試者在做大腦益智訓練題前喝點啤酒，有助提高測試成績。

3. 預防二型糖尿病：荷蘭研究發現，每天適度喝啤酒（1-2杯），患二型糖尿病的危險明顯降低。

4. 有益腎臟健康：芬蘭研究發現，每天喝一瓶啤酒可使腎結石發病率降低40%。研究人員表示，啤酒具有利尿作用，有助於保持腎臟健康。

5. 加速鍛鍊後恢復：西班牙研究發現，一瓶啤酒的補水作用比等量的礦泉水更有效。因為啤酒中含有更多的糖和鹽類營養，同時還含有豐富的鉀和B族維生素。

6. 提升自信：英國研究發現，飲用啤酒後，參試者表示，自己更加自信。

7. 預防白內障：加拿大研究人員發現，每天喝一杯啤酒可增加抗氧化活性，預防白內障。

8. 降低血壓：美國研究發現，適量飲用啤酒的參試者比喝葡萄酒的參試者罹患高血壓的幾率更低。

9. 抗擊感染：美國俄勒岡大學研究發現，每天喝一兩杯啤酒可以提高免疫力，抗擊感染。

10. 與節慶 復活節彩蛋

倪娜

　　無論信不信上帝，說起復活節，大有讓人聯想到耶穌死而復生的壯觀場面和那誘人的復活彩蛋。

　　復活節是耶穌被猶大出賣後釘死在十字架上，三天後被上帝拯救，死而復活進入天堂的歡樂頌，比起耶誕節來，復活節裡的景致更加恢宏壯麗、寓意更加深刻、更受基督徒的重視，著實是個普天同慶的喜慶日子，復活節可不是個不固定日子，有時在3月有時在4月，但是一定是星期日。

復活節的彩蛋

　　復活節前夕德國人家傳統上一般自己動手繪彩蛋，在家裡是親子互動一起做的遊戲，在學校、幼稚園裡是老師給學生上的手工課。記得我在一所學校裡工作的場景，復活節前夕的剪紙手工課上，我也學會了多種拉花，如復活節的兔子、公雞、彩蛋的剪法，先折疊好再小心剪，不能剪斷，之後把它們拉開一大串連著，貼在教室的玻璃窗上，也可以掛在開Party的裝飾牆上，妝點節日氣氛。

　　西方人認為蛋類是有生命的活物，有兩次生命，一次新生，一次重生，重生意味著復活，以復活彩蛋預示新生命的開始，寓意生命的再次復活。彩蛋便成了演繹的載體和交流的道具，擁有彩蛋便是幸運和吉利，那麼彩蛋怎麼做呢？

　　我通常備好一到兩盒的雞蛋，最好是選用容易著色的白皮蛋，紅皮蛋還是用來煮中國的茶雞蛋更好，用煮蛋器或者水煮後晾乾，備好事先在連鎖商店裡買來的可以食用的顏料，通常裡面有一次性的塑膠手套，如果沒有就戴上家用必備的橡膠手套，根據個人意願和對顏色的喜愛，把顏料少許放在手裡調勻，之後將熱乎乎的雞蛋握在手中，隨意滾動、把玩，玩味你的工藝吧，當然你也可以拿起畫筆，盡情地去畫最美的圖案，著色的彩蛋最好放在冰箱裡裝雞蛋的格子裡晾乾，那麼這枚復活彩蛋就完成了。

　　現如今人們通常習慣用蛋狀的巧克力糖來代替。圖省事的人，可以在商場裡買到現成的彩色雞蛋和各種漂亮的巧克力彩蛋，事先要在院子裡或者家裡藏好，讓孩子們去尋找，藏蛋的人就要注意了，放了多少，放在哪裡要心中有數，否則找不到就浪費了，也讓孩子們失去了興趣，每個孩子都有機會自己找到復活節的禮物才是藏蛋人的意願。

踏青、燒烤、去教會

　　星期五是復活節的第一天Karfreitag，街道上、院子裡、陽臺上、桌子上、到處是復活節的裝飾物——各色的兔子、彩蛋。這一天全員放假休息，包括商家也關業休假，真正的家庭日。

　　春意綠濃的復活節，正午的時光分外地晴好，陽光下一片耀眼的金色，正是出遊的好時光。藍色的哈弗爾湖面和泰戈爾湖面，除了白帆船遠處搖曳著，還有數不清的野天鵝、野鴨、鵪鶉悠閒棲息。映入眼簾，到處是踏青遠足的人們，有的步行、有的騎著自行車，與大自然親密接觸，全家人到戶外，在大自然的懷抱裡痛快地玩耍、多運動、深呼吸。

　　星期六是復活節的第二天Ostersamstag，商家營業時間只有半天。星期日是復活節的第三天Ostersonntag。晴空蔚藍，陽光耀眼，巍然壯觀，淋浴如重生，這一天教徒要去教會，回到家裡還要做藏蛋、找蛋遊戲。據民間傳說，這找蛋習俗是由一位德國公爵夫

人首發,五彩繽紛的彩蛋是復活節的兔子為孩子們留下的,一定要自己動手找到才有意義呢,孩子們這一天憋足了勁兒,比賽看誰找的更多。

去教會與基督徒聚在一起吃復活節的早餐。多數人是平時的教友,也有陌生人參加,這是教徒們繼耶誕節之後又一個必到教會活動的特別日子。大家像兄弟姐妹一樣,彼此寒暄,說著祝福的話,從九點鐘開始的早餐一直持續到十一點鐘,誦經、禮拜,互送彩蛋、巧克力的小禮物,之後開始復活節的儀式,有吉它和風琴配樂的各種小合唱、耶穌復活的話劇、全員的誦經、牧師的佈道和祈禱。

在德國有的地方還舉行火焰和篝火活動,以示火給人類帶來新生。用聖火點燃樹枝,送到各家各戶,孩子們最快樂的事是把聖火送到各家,大火燒得越旺越能點燃人們過節的興奮,好像越加幸運。

記得剛到德國還沒多久,正是思親想家獨飲鄉愁之苦,同樣對德國的一切都充滿好奇的時候,我的第一個復活節被朋友邀請去了德國人家燒烤,在郊外一個世外桃源的地方。四周花香襲人,在藍白相間的大太陽傘下,鋪著藍色的桌布和藍色的坐墊的沉木桌椅,餐桌上擺著三套同色大小不同考究的餐具,高矮不等的高腳杯、玻璃杯,還有餐桌上各個角落的滑稽可笑的兔子、誇張的彩蛋、抽芽吐穗的樹枝,春色盆景等小裝飾、小驚喜,讓人會意一笑,留下春色,留得春意,流連忘返。

朋友怕我們不習慣,特意準備了中德兩套餐,吃他們的烤羊腿、烤馬鈴薯、蔬菜沙拉,還有中國的烤肉串、烤魚排、烤大

蝦、烤玉米，飯前喝香檳，用細長的杯子，大家節日碰杯「Zum Wohl！」便開始用餐，第一道菜是沙拉，第二道是烤羊腿配馬鈴薯，紅葡萄酒配羊肉，白葡萄酒配魚肉海鮮，葡萄酒用最大肚子的杯子，酒只倒個杯底一兩口，啤酒用有把兒的大杯子，一瓶正好裝滿一杯，飯後水果、蛋糕、甜點、冰淇淋配巧克力酒、奶酒，用玻璃盤子和小杯子。

　　德國家庭如此這般地重視餐桌禮節，這麼複雜而隆重的節日餐，聽說準備了好幾天，除了包在錫箔紙裡的烤馬鈴薯還能接受外，那主食的馬鈴薯如中國人當作米飯一樣，根本吃不習慣沒有一點兒鹹味兒的葡萄酒羊腿肉，還有那很厚太膩的奶油蛋糕只嘗了一口兒，多虧有各種烤肉串、老玉米，還算沒有餓肚子回家，與中國人的口味真是大相徑庭！

　　從剛到德國的不安、茫然；從過第一個復活節時的興奮、神祕，到如今這些習俗已深深地植入我的生活，成為常態，年復一年，中德餐經我改良，各有其樂。沒想到這些年的經歷，在我的身上起了潛移默化的作用，每當復活節來臨，我很自然地變得入鄉隨俗起來，從房間裝飾、餐桌點綴、花瓶含苞欲放的樹枝、準備復活彩蛋，到上街採購、擺上餐桌的烤羊腿、煎魚排、烤復活節蛋狀蛋糕、蛋狀小點心，再邀請親朋好友來做客，都是我一個人獨立完成，儘管疲憊不堪，其樂無窮，看到親友的歡喜、熱鬧，團聚在一起，忘卻鄉愁之苦，而且還蠻有成就感的。

11. 德國人怎麼過耶誕節？

倪娜

　　德國人最為重視的兩大節日，一是雪花飛舞、聖誕老人出沒、浪漫童話的冬季——耶誕節，另一是春暖花開、萬物誕（蛋）生的繁殖春季——復活節，而耶誕節和復活節均與宗教有著千絲萬縷的聯繫。耶誕節是紀念耶穌誕生的日子，全世界無論哪個國家的基督徒都約定熟成，每一年都是在固定的日期12月25日過耶誕節，當然了誰的生日不是固定的呢！

　　在德國過幾個耶誕節，已經數不清了。從不知道耶誕節為何物，到現在年年為耶誕節興奮、抓狂，儼然一個地道的德國家庭主婦一般，提前一個月就進入了備戰角色，拉上彩燈，點上蠟燭，備

好烤鵝、烤好糕餅，逛市場、使銀子、包禮物、碰香檳，一個都不少，哪個都不落，入鄉隨俗，周遭的環境使然。耶誕節裡的人和事於我記憶猶新，妙趣橫生，樂在其中。

聖誕烤鵝大餐

　　選食材少不了逛聖誕市場，過聖誕的一個必備環節，每年柏林的大小聖誕市場都是我一一造訪之地，每每在街上遇到身穿紅袍，頭戴紅帽的雪白鬍子的聖誕老人，我的好奇和興奮不亞於孩子，不自覺地上前圍觀，我喜歡耶誕節裡的童話世界和宗教情結，帶給人除了物質上的滿足還有精神上的無限想像空間的誘惑。

　　在冰雪覆蓋的白色世界裡，寒冷抖瑟但童話溫暖誘人。有頭戴鈴鐺兒的麋鹿拉著的雪橇車，還有坐在上邊的白須紅衣聖誕老人，

　　選4公斤左右的新鮮鵝，先熱水洗淨去毛、晾乾、開膛，外表抹上蜂蜜、鹽、五香辛辣粉等調料，將麵包切塊並用熱油炸，倒入熱牛奶，浸泡約5分鐘，蘋果去籽切丁。（30克黃油、250毫升牛奶、3個蘋果、100克葡萄乾、¼升的白葡萄酒），洋蔥、鹽、胡椒與肝臟等攪拌混合在一起，放入鵝的膛內，用針線縫好，放入180度的烤箱至少要烤上3個小時，中間翻一下個兒。

高大肥碩的身軀，躡手躡腳地，喘著粗氣地從煙囪上爬下來，給還在睡夢中的小朋友送來期盼一年的禮物。這是孩子們最期待的時刻，那麼家庭主婦呢？恐怕沒有什麼禮物比得上聖誕烤鵝、聖誕糕餅，更能帶給家人節日的滿意度和團聚的幸福度啦，因此讓家庭主婦更加倍受褒獎而頗有成就感呢。

那麼德國的聖誕大餐都吃什麼呢？豬牛羊，魚肉不限，烤鵝、烤鹹味豬肉Kasseler、煎魚很普遍，但傳統的家庭首選烤鵝。

出爐的鵝金黃色，肉香皮脆。之後將烤出的湯液放上澱粉勾芡成汁，烤鵝切片澆上汁，配上用鹽水煮過的馬鈴薯、豆角，或者紫色的甜菜或者紅色的酸菜，再配上幾盤五顏六色的水果盤、各色的蔬菜沙拉、還有一種馬鈴薯、酸黃瓜沙拉是烤鵝的最佳絕配，消食解膩，讓人食慾大開。

配烤鵝一定要飲葡萄酒，習慣上牛羊豬等紅肉配紅葡萄酒，魚、雞、鴨、鵝等白肉配白葡萄酒，那麼喝咖啡最好是配聖誕糕餅了。烤蛋糕在德國未必被家庭主婦獨攬，很多男士也能烤出不同風味的蛋糕，德國的人從幼稚園、小學就開始學習烤蛋糕，會烤蛋糕還的確是衡量家庭主婦的標準之一呢。

聖誕蛋糕Stollen

耶誕節是歐美人最為重要的宗教傳統節日，聖誕情結已經植入人的精髓。不僅是在家裡的節前準備，窗明几淨，拉上各色的彩

燈，裝飾聖誕樹，烤好聖誕糕餅，鋪好桌布，點上聖誕倒計時的四根蠟燭，而且還有在聖誕市場和各種各樣聚會裡的活動，你沒有注意到嗎？其實哪裡只有12月25日和26日那兩天的耶誕節，而是提前一個月就開始了一年一度的耶誕節日了。

　　聖誕糕餅要提前備齊，主要有Stollen和Plätzchen這兩樣。都是德國人家必備的代表性的甜食，開始的幾年裡，一直吃人家送來的，或者也從市場上買現成的，一邊品嘗，一邊琢磨，後來自己也按照書上的食譜，開始動手幾番嘗試，烤出來的糕餅也越來越地道了，送給德國朋友品嘗，也時常遭到他們的果醬。

　　在學烤蛋糕的過程，我在德國人那裡，學習到他們做事的認真、一絲不苟，比如廚房裡各種用具設備必備齊全，稍微陳舊了馬上換上全套新的，其實他們除了烤鵝、烤蛋糕，平時至多煮個馬

　　烤糕餅最關鍵的是麵粉、雞蛋、黃油、牛奶、糖要備齊，500克麵粉、1/8升的牛奶、125克的葡萄乾、甜酒若干、125克橘子蜜餞果皮、50克糖粉、125克的黃油。先取60克黃油、125克的白糖、半勺鹽、一個雞蛋、一個蛋黃、30克酵母、125克的堅果、125克的香草糖粉、半勺的檸檬粒等，把所有的放在一起揉成大麵團，放置暖處餳2個小時，再將麵團拉成柱狀3釐米長，第一次抹30克的黃油，放在烤箱裡175度烤60分鐘，45分鐘後拿出來，再抹上30克黃油，撒上白色糖粉，放置涼卻即可享用了。

上：耶誕節餐桌
下：聖誕果子蛋糕Stollen

鈴薯，做個義大利匹薩或者Spagetti面什麼的，很少烹飪，多數是微波爐加熱食品，尤其烤蛋糕的用具更是不可替代，平底的，高裝的，空心的模具、壓模不一而足。

Stollen是最容易做又好吃的聖誕蛋糕了，德國的家庭主婦尤其老人家還是喜歡自己親自動手烤制，與兒女、孫輩們一起動手，每人系個圍裙，滑稽的滿臉麵粉，格外溫馨，其樂融融，讓無家的人羨慕渴求的幸福圖景。

那麼什麼是Plätzchen呢？就是黃油餅乾，更加簡單易學，這是令孩子們喜歡的動手親子遊戲。

稱量麵粉、糖一定要精準無誤，不同蛋糕有著不同的配方，每一樣配料都是毫釐不差，烤出的蛋糕才會色香味美，用黃油的地方沙拉油不能夠取代，用Käse的地方不能用Quark對付，尤其雞蛋的蛋黃分得清楚無誤，清是清、黃是黃，清要打得凝固倒掛都掉不下來才行，小到從廚房看德國人對日常生活的較真，大到對人生和社會擔當負責的態度，瞭解德國人先從吃入手，為德國人的斤斤計較

2個雞蛋、200克白糖、一包香草糖、8克的檸檬粒、500克麵粉、200克黃油、一勺的發酵粉混合，揉成麵團，擀成面皮，放在各色聖誕圖景和動物的模具裡壓模，最後放入烤箱175度烤8-12分鐘拿出，各色不同的裝進花花綠綠的透明紙袋裡，繫上紙片，寫上聖誕祝福的話語，送給親友人人愛不釋手呢。

找到了出路，守規矩、講科學、重品質、講道理等為人做事的理性態度，一直影響著我在德國的生活和思考。

每到耶誕節，多數的時候窩在家裡，或者被親屬請去湊熱鬧。在德國人家過耶誕節，下午先去教堂祈禱做禮拜，之後回到家裡吃晚餐，烤鵝、烤肉Kasseler、馬鈴薯、麵包、沙拉、各種酒類、飲料、咖啡、蛋糕、冰淇淋、巧克力，吃完一道又一道之後，喝起一瓶又一瓶香檳、葡萄酒，之後去森林裡，湖邊去散步，就像耶誕節期間組織的「烤鵝跑步」一樣，為了消化肚子裡的食物，天也黑了下來，大家圍著聖誕樹在燈光、燭光下開始表演小節目，先是合唱「Oh! Tannen Baum」，「Heilige Weihnachten！」之類的聖誕歌曲，之後表演自己的拿手好戲，獨唱、跳舞、演奏樂器、講故事、說笑話。

在大家的掌聲中，結束表演活動，大人、孩子都盼望的時刻便是最後的節目——互相送禮品，那一刻有人故意露出誇張地表情，「這可是個特別的意外！」有人並不是太喜歡，還是扮成鬼臉，顯出驚訝，有的得意、有的失望、有的興高采烈、有的手足舞蹈、有的打開後放在那裡不再看它，恨不得當面砸掉，那可是個最好的性格表演的看臺，但是大家都會馬上對人家送的禮物說「謝謝！」以表示起碼的禮儀和禮貌。聽說年年聖誕過後，商場裡都會收到大量的被退回的禮品。

每到分完禮品之後，真的很疲憊不堪的，也沒有什麼精神頭去看電視節目了，這德國電視臺也真是的，怎麼就不能像中國似的搞個全國人民大聯歡——一台文藝晚會大餐，德國的電視節目五花八

門，演員、藝人們都放假在家，沒有現場秀節目，大都事先錄製，也不是每個台都有節目，好像顯得不夠重視，多數都是電影、電視劇。其實也沒有多少人這個時候看電視，至少家庭主婦是沒有這個時間了。從去年我們開始嘗試去德國老飯店過節，也著實地省了不少事，只是事先烤些蛋糕什麼的，準備些飲料、水果、沙拉、冰淇淋、堅果之類的小零食就行了，這樣倒省事了、輕鬆了不少，但同時也少了節日的樂趣啦！

12. 德國肉餅——漢斯食譜終極版

黃雨欣

　　漢斯是多年前和我學中文的德國學生，他的父母經歷過二戰，和許多那個年代出生的德國人一樣，漢斯從不吃魚，問其原因，他解釋說：是因為在戰爭期間，德國食品短缺，百姓食難果腹，好在柏林周邊湖多，百姓們就只能到湖裡撈魚吃，而那時的湖水，也是經歷過戰爭炮火洗禮的，渾濁不堪的湖水裡還時不時地泛著可疑的漂浮物……漢斯雖然生長在戰爭結束後的和平年代，可他從小就見慣了父母面對魚類恐怖厭惡的表情，他從來就沒有在自家餐桌品嘗過任何一種魚的美味，久而久之，魚類就成了一種可怕的食物永遠地消失在漢斯的食譜中。

「一輩子不吃魚，你體內的蛋白質會缺乏的，我連想都不敢想，我媽總說我是屬貓的！」面對我同情的目光，漢斯聳聳肩，不以為然地說：「除了魚，我能吃的美食多著呢，比如牛排，豬肘，雞胸，火雞……還有你們中國人常吃的豆製品！」身為德國人的漢斯，卻偏愛吃中國口味的豆製品，說起來多少還和我有點關聯呢，那是他的中國太太給培養出來的胃口，而他那溫婉清秀的中國太太，卻是我力薦給他的！

天有不測風雲，2000年對酷愛吃牛肉的歐洲人來說，實在是一個巨大的考驗，這一年，瘋牛病（BSE）席捲了整個歐洲，德國也沒能倖免，大家都知道，這種病毒雖然滋生在牛身上，卻極易傳染給人類，且潛伏期多達幾十年，隨著瘋牛病的蔓延，整個歐洲人心惶惶，大量的牛被宰殺，即便這樣，病毒仍存留在焚燒後的牛骨裡，一時間，歐洲人被迫改變了飲食習慣，學校食堂停止供應牛肉，漢斯最愛吃的牛排也在市場上消失不見了，很多以牛肉餐牌為主的西餐館紛紛關門大吉。記不清這種局面持續了多久，反正等牛排逐漸回到德國人餐桌上的時候，漢斯幾乎忘了牛排的美味，而且一看到牛排就想起那裡很可能潛伏著可怕的病毒，便再也沒有品嘗牛排的興致，從此，漢斯的食譜裡又被勾掉了一道美食——牛排。

還好，就算不吃牛肉了，漢斯還有烤豬肘和雞胸肉可食。哪成想，幾年後，德國爆發了一次豬口蹄疫，雖然很快風聲就吹過去，可對肉食品質過於挑剔的漢斯，從那以後再不進食這道德國名菜－酸菜烤豬肘了。又過幾年，德國又流行一次禽流感，這下漢斯可慘了，只能把自己變成了啃青菜沙拉的兔子。

有一回，漢斯的中國太太邀請我去他們府上作客，還盛情挽留我和他們一起用晚餐，漢斯太太中餐燒的很素卻清淡又可口，漢斯摩拳擦掌地表示，要給我露一手德國廚藝，我心想：就憑你每日像兔子一樣進食青菜葉，能燒出什麼好的德國餐？好奇心驅使我隨他一起進了廚房，只見漢斯從一隻紙袋子裡抖落出兩隻硬硬的小圓麵包，一看就是隔日的，已經乾透了，落進鋼精盆裡，竟然能砸出「咚咚」的脆響。

　　我好奇地問：「是昨天的麵包吧？新鮮麵包隔夜就太硬了，根本不能吃！」

　　漢斯說：「隔夜的麵包也是糧食，扔了多可惜！」說著，用溫水將麵包泡上，由於小麵包又乾又輕，竟然能在盆裡漂起來，漢斯一邊開冰箱一邊解釋說：「等麵包浸透水沉下去就能用了。」

　　然後，他在另一個鋼精盆裡放了一盒瘦豬肉糜，將一顆洋蔥切碎，將一根胡蘿蔔插成細絲，又用插菜板插進半根小葫蘆綠瓜，打入一顆雞蛋，然後撒入胡椒粉，少許鹽，做完這些後，漢斯將浸透了水的麵包撈起，三下兩下將這兩團軟塌塌的東西擠乾了水分，丟進盆中和肉餡一起攪拌起來，拌勻後，用手團成幾個肉團子，平底鍋裡放少許油，中火燒熱，然後把肉團碼進去，輕輕一壓，就變成了厚厚的肉餅，兩面煎至焦黃，澆上半杯水，只聽「滋啦」一聲響，立刻蓋上鍋蓋，燜上幾分鐘，再把蓋子拿掉，如果還有水分，就開大火焗乾，此時出鍋，就是一盤香味濃郁的德國肉餅了。

　　雖然我對德國肉餅並不感到稀奇，可像這樣品嘗德國人家常自製的肉餅還是第一次，竟出乎意料地收穫了一份味蕾上的驚喜，它

不僅富含濃郁的肉香，又夾有清新的麥香，再配上洋蔥胡蘿蔔雞蛋葫蘆瓜等各式蔬菜，既營養又提味，實在令我難以忘懷。

可見美食並非一定要山珍海味，土豪夜宴，真正的美味就應該是平常時光中這種久吃不厭細水長流的人間味。在德國，肉餅是多種親民美食之一，低調且平實，德國的大部分餐館或快食店的菜單上都有這道菜肴。德國的食品超市裡也有這種肉餅的半成品出售，一般是塑膠包裝盒密封好，放置在冷藏櫃中。買回家微波爐溫一下或者平底鍋煎一下即可食用。烹飪的時候還可以根據自己的飲食習慣搭配炸薯條或蔬菜沙拉，甚至黃油煮馬鈴薯或黃油煮西蘭花等蔬菜，顏色黃綠相間的甚是養眼，很符合西餐先飽眼福再飽口福的飲食原則。

▎生煎過程中的肉餅，金燦燦的勾人食慾。

13. 浪漫的德國美味蛋糕

鄭伊雯

　　看著秋陽斜入屋內，明亮的光影映襯著窗外繽紛的秋景。時序已入秋了，今年的秋光是如此的幸運亮眼，低溫已讓綠葉換上黃衫，紅彩滿面的秋楓耀眼迎人。走入森林，撲滿路徑的落葉盈滿雙腳，此時我最喜歡踩上落葉時，那撲簌簌的聲響，正是秋日裡散步的浪漫迴響。隆冬一來，雪白盈滿大地，一層黑一層白的對比，又是冬景裡特有的突兀色彩。

　　漸漸地，旅居德國多年的我，習於跟著四時的更迭，而變換胃口。春夏時節，樂於吃上水果豐盛的草莓蛋糕、覆盆子蛋糕、柳橙布丁蛋糕等，豐富而飽滿的水果餡料，甜美可愛的水果蛋糕，真讓

人春心蕩漾、神采愉悅。

等到夏末初秋，伴隨著葡萄採收季節到來，搭配白啤酒的美味蛋糕，由麵粉、蛋、奶油、洋蔥、培根所烘焙出的洋蔥蛋糕（Zwiebelkuchen），香氣撲鼻，熱熱的吃，包準你回味無窮。與洋蔥蛋糕有異曲同工之妙，擀成薄皮的餅皮再放上由洋蔥、培根所組成的內餡，香香脆脆的洋蔥薄餅（Flammkuchen），滋味一絕，深得我心。

隨著秋意漸濃，深秋楓紅，各類蘋果蛋糕（Apfelkuchen）盈滿各家糕餅店，由蘋果所烘焙的蘋果蛋糕、蘋果捲、蘋果袋子（Apfeltasche）麵包等，都是秋日裡的經典美味。

或許，德國蛋糕不似臺灣或日式蛋糕，裝飾得千變萬化，五彩繽紛，但是豐富的餡料，名實相符的德國蛋糕，益加顯得穩重而迷人。為了突顯季節的更替，映襯冬景與人體禦寒之所需，德國秋楓秋景蕭瑟寒冬裡的美味蛋糕，有二種經典名品，一是多瑙河蛋糕（Donauwelle），另一款就是黑森林蛋糕（Schwarzwälder Kirschtorte），堪稱經典。

取名為「Donauwelle」的多瑙河蛋糕，宛如浪漫的多瑙河般，緩緩蜿蜒流經歐洲文化古都，一衣帶水溫柔揮灑出歐洲穩重的文化內涵。厚實的蛋糕底是那堅實的大地沃土，冰封雪白的奶油肌理，埋藏著顆顆甜美的櫻桃果肉，再佐以甜潤的巧克力層，化身成香醇濃郁的多瑙河蛋糕。所謂的多瑙河蛋糕，剖開蛋糕的側面，就一定要看到這些層次井然蜿蜒的波浪紋理，才是真實而道地的多瑙河蛋糕。

上：是身著蜿蜒波浪水紋的多瑙河蛋糕
下：另一款式的多瑙河蛋糕

　　就因為需要蛋糕的層次與紋理，烘焙時需經由四道程序，把香醇的奶油、巧克力和蛋糕體，加疊完成。一層層排列出美麗的波紋，浪漫而隨意，上善若水，濃郁而香甜，成為蘊含歐洲文化底蘊的深冬蛋糕經典款，品嘗一口甜美的蛋糕還得帶著想像力而飛馳，蜿蜒徜徉在歐洲千年古都間，隨著多瑙河畔的依偎，德國的烏爾姆（Ulm）、因戈斯塔城（Ingolstadt）、雷根斯堡（Regensburg），奧地利的林茲（Linz）、維也納，匈牙利的布達佩斯……等古城風韻，盡顯在浪漫的多瑙蛋糕中。

　　當然，提到德國秋冬的代表蛋糕，黑森林蛋糕絕對少不了。取名為「黑森林」（Schwarzwälder），也許來自德國南部黑森林山區內，隆冬森林的樣貌，雪白與黝黑交織的景觀而命名。或許，也因其黑森林山區豐富的櫻桃物產，把釀製的櫻桃酒和醃漬過櫻桃，搭配成黑森林蛋糕中烘焙要角，因而得名。更或許，因其黑森林蛋糕上妝飾著一顆顆的櫻桃，宛如黑森林地區傳統服飾所搭配的帽飾，正是一朵朵鮮紅的花絨帽（Bollenhut，或稱洋蔥帽），因外型而得名。凡此種種說法，總與黑森林當地脫不了關係，一層層巧克力蛋糕底、抹上鮮奶油、拌以櫻桃酒、鋪上櫻桃果肉，再灑上巧克力碎末的蛋糕，層層鋪排間盡顯黑森林山區的豐饒與濃郁，以黑森林來命名，盡得真傳。

　　常常，我在煮食烘焙間，任思緒飛舞，遙想林間山區，雪藏大地，越是嚴寒的夜越顯得溫暖的珍貴。品一茗茶，享受一份黑森林蛋糕，總讓我吃在嘴裡、甜在心裡，回到度假散步在黑森林的甜美時光。壁爐內的炭火，廚房內飄香的媽媽家鄉味，只要一份黑森林

蛋糕的慰藉，可能是溫暖在心的難忘回憶，以傳統山區的特色與糕
點創作的結合，果然傳承了德國最佳的冬季山景特色風韻。

14. 淡處見真味 黃金薯餅，

朱頌瑜

　　去年暮秋，有昔日好友來瑞士出差，我便作陪，一盡地主之
誼。適逢朋友到達的當日晚上，鄰近鄉村有露天音樂會，我便帶友
人隨我入鄉隨俗，去親身體會一下閒散的瑞士生活。

　　步行去音樂會的小徑把我們一路從城市帶入了遠離喧囂的山
間鄉野。其時正是麥子秋收過後的農閒時分，四周都有新鮮壘起的
草垛，黃澄澄地散落在田野上，風輕輕一吹，幽微的麥稈清香依稀
可聞。秋意正當時，大地蒼翠不再，落葉瑟瑟，卻是滿地的斑斕，
在漸晚漸深的霞光中暈染出另一番美境，十分詩意。朋友屬事業有
成之士，平日百忙纏身，出門多是以車代步，跟隨我在鄉間這樣一

走，遠看天地遼闊，近聞土壤之馨，說起塵世間各種煩惱俗事來，
自然就開朗得多。

　　露天音樂會的場地上擺放了十幾張長桌子，給前來的聽眾隨意
閒坐。桌子是原木色，一種瑞士人搞派對時特別愛用的大長桌，乾
淨簡潔，收疊靈活，再配上同等長度的木凳，輕輕鬆鬆就能容納好
多人。露天場地的中央有個圓拱型的中心舞臺，那裡就是音樂家演
出的地方。舞臺背後有幾家流動的熱食檔，黃昏時分，正是炊煙寥
寥，人意閒閒。

　　耐不住果腹的渴望，我和朋友也循著香氣湊上前去。流動食
檔上有瑞士最常見的幾種熱食出售，有炸薯條，攤薄餅，香煎黃金薯
餅，還有現烤小牛肉腸。現做現賣，賣相誘人。我和朋友各要了一客
黃金薯餅和小牛肉腸。瑞士的小牛肉腸為乳白色，據說在製作過程
中有添加牛奶成分，是一種來自東部的特色肉食，趁熱吃時，肉香
濃烈撲鼻，肉質幼嫩可口，是嘗過後會讓人念念不忘的一種美食。

　　跟烤香腸搭配的黃金薯餅我就更熟悉了。它是瑞士的一道特
色菜，以馬鈴薯作原料，簡單，純粹，既可當配菜，也可當主食。
據瑞士人自己說，黃金薯餅最早起源於瑞士德語區的蘇黎世，屬於
這個小小山國的一道傳統農家美食，當然，如今也普及到了全國的
其他語區。幾年前，因為做田野筆記，我曾不時去走訪一些瑞士農
家，見到普通家庭做黃金薯餅的一般步驟是：將馬鈴薯去皮後擦成
粗絲，然後倒入放了黃油的煎鍋裡，再慢慢煎成餅狀。

　　吃黃金薯餅最好要趁熱，剛剛煎好的時候，外焦裡嫩，特別香
脆，如果挑個頭大澱粉含量高的馬鈴薯做，會更加糯香而可口。我們

　　街區肉店的掌櫃曾經告訴過我，他們家做黃金薯餅的祕笈是放豬油。可見要做出好吃的薯餅，最好選用動物的油脂。我還知道，在瑞士的首都伯恩地區，那裡的黃金薯餅會添加適量的乳酪、洋蔥和培根。

　　看我對一盤薯餅如此饒有興致，朋友有些納悶不解。他也許覺得難以置信，何以一位曾經成長於美食之都的舊友，在出國將近二十年後竟對一盤薯餅如此興趣盎然。空氣裡有音樂在流淌，我們頭頂星光，在山國之夜的秋風裡，慢慢談論著別後的生活。偶爾，也會靜靜地聽著歌者在臺上清唱，那聲音沙啞，悠遠，似在回憶一些遠年的舊事。

多年前，我採訪一戶瑞士農家時，一位年近百歲的老農就曾經告訴過我，二戰期間，政治中立的瑞士需要完全依靠本國農民所種的作物來解決整個國家的溫飽問題。那時候，除了種植小麥，為防饑荒之災，每家農戶的菜地，每所學校的花園都種上了馬鈴薯。咫尺之外，烽火連天。人們既要珍惜桌子上的每一粒麵包屑，每一個馬鈴薯，又要變著戲法吃出花樣，所以，一頓用黃油煎成的薯餅，在時局不靖之年，也是一份奢望，一種幸福的見證。

　　馬鈴薯最能給人以飽腹感，是歐洲歷史上貧樸歲月的一個重要標誌。梵谷有一幅讓人過目不忘的名作，叫《吃薯者》，畫的是一個世紀多前故鄉荷蘭紐南的一戶農家。農人生活清苦，一輩子櫛風沐雨，宵衣旰食，但是種的是馬鈴薯，挖的是馬鈴薯，吃的也是馬鈴薯，所以，當油燈微黃的光線穿透梵谷筆下的畫面時，也是穿透了歐洲餐桌上的歷史，讓我們不難想像到，農人手上的馬鈴薯曾經就是他們一生的全部內容。

　　今天，瑞士已經從一個曾經的窮鄉僻壤慢慢脫變成了一個富強之國。但是，在現世安穩的和平歲月，危機感卻始終深植在人民的意識裡。資貧地少的劣勢讓瑞士人從潛意識裡就深刻地認識到資源與節制之間的關係，而建立起「食用我有」「食用近處」和「食用當季」的飲食觀念，過有所節制的日常生活，為欲望留白。當下，地球的環境資源問題已經讓人類發出自我拷問的聲音。在能源貧瘠的古巴采風時，我曾經深刻地認識到飲食結構和能源消耗與地球環境之間的關係，所以，我從來不仰羨那些會無限擴張生活欲望的人，對那些為著口腹之欲而把罪惡之手無度伸向自然界瀕臨物種的

人更是深感厭惡。

瑞士地處北溫帶，冬季嚴寒且漫長，物產資源非常有限。馬鈴薯作為一種尋常的食材，好處極多，卻是大美隱內，淡處見真味。自然，要把馬鈴薯做到百吃不厭，也要有廚藝上的真本事。今天的瑞士，黃金薯餅已經不再僅僅是貧民百姓餐桌上的家常菜，更是一道國菜，能穿透一方水土的歷史與風土人情。我甚至知道，有不少瑞士的農人依舊沿襲舊傳統，保持著在早上食用黃金薯餅的習慣，再配以一個煎雞蛋，就能很好地保證足夠的能量供給。在這裡，人們抱著珍惜天地萬物的恭謹之心去生活，把最樸素的食材烹出至味。

回家的路上，我和友人一邊悠閒漫步，一邊享受著最為坦露心扉的傾談。阿爾卑斯山下的夜，山風清涼，秋月無邊，那種歲月靜好的感覺很美，把我們的敘舊渲染得好比一場世外的久別重逢。臨別，我在皎皎月色下打開一本新近出版的文學合集，在有我撰文的一頁上恭敬地簽名留言，送贈友人，夾上祝福，也夾上當晚灑滿紙頁的清暉。

三個月後，友人早已回到他慣常的社交節奏，為各種應酬而忙碌，一如以往，難不免日日酒樓會所，山珍海味。然而，讓我意想不到的是，某天卻意外收到他夜半酒醒時發來的留言，發自內心地說，有時候，像逃難似的，他也會在不經意間特別懷念阿爾卑斯山下那個月色清朗的夜晚，懷念起那一份暖胃暖心的黃金薯餅，那一場走心的留白。

於是我不禁想，也許，不是瑞士人走得太慢，而是我們走得太快。

15. 維也納酒莊 獨一無二的

方麗娜

　　奧地利並非只有莫札特和圓舞曲，還有別具特色的美食與酒文化。那些散居在維也納郊外，掩映在阿爾卑斯山腳下的一座座霍麗閣酒莊，不僅富有傳統美食與美酒，其飲食環境和氛圍也被演繹得風情萬種。難怪不少奧地利影片中，總少不了以霍麗閣酒莊為背景的經典場景，而霍麗閣酒莊的名氣，比起維也納美泉宮、童聲歌唱團、以及聞名遐邇的皇家馬術表演，也毫不遜色。

　　我們常去的「坡溪村」一帶的酒莊，從我家居住的維也納西郊出發，不過十幾分鐘的車程。下了車，沿一條曲折的磚石小徑拾級而上，就到了霍麗閣酒莊相對集中的村落。正宗的霍麗閣酒莊門

外，都刻有「Ausg'steckt」字樣，且在半空中吊起一簇松枝，表示裡頭正在營業，並有新釀的葡萄酒出售。

對初來乍到的人來說，要在酒莊散落的寬街窄巷裡，選一家真正令自己心儀的，那感覺如同探尋貝多芬當年的故居。我和先生曾打一槍換一個地方，挨個品嘗多個酒家的菜色。無論午間還是黃昏，在靠窗的實木條桌前坐定了，望著牆上的梅花鹿和羚羊角，請身穿奧地利傳統衣裙的姑娘，先為你送來一壺本店新釀的葡萄酒。至於飯菜，你只要瞥一眼前台的透明大玻璃櫃，便可一目了然。

酒莊的特色之一，就是所有的菜食任由客人自己選擇，看得見，摸得著，本身就令人賞心悅目。透亮的玻璃櫥櫃裡，通常擺放著脆皮烤肉、豪豬餡餅、洋蔥血腸、馬鈴薯泥丸，以及各種熏腸和乳酪，而時蔬沙拉和水果甜點的品種之多，更是毋庸贅述。假如這些都不合你的心意，還可依照小黑板上的菜單，來一份油炸小牛排，或者生煎馬鈴薯之類的。

焦黃流油的烤肉是我的最愛，每次去酒莊我必點上一塊，盯著手腳麻利的女主人用電鋸「嗤」地一聲切下，放進我的大盤子裡，再配上些臘肉炒酸菜和馬鈴薯丸，外加一勺醬紅色的肉汁兒。美味可口，妙不可言！這道菜本屬於傳統的奧地利風味，卻與中國人的口感不謀而合。每次有親朋好友光臨維也納，我和先生必帶他們先到酒莊享用一番。酒足飯飽之後，無不由衷地感歎：奧地利竟會有這樣好吃的地方風味，實在難得呀！

我喜歡背靠修道院的這家並不算氣派的酒莊。狹長的拱形門洞裡，常年端立著兩隻橡木酒桶，主人似的，透著慈祥而老邁的光。

廊簷下的夾層玻璃牆上，懸著一溜裝飾櫃，裡頭擠滿了店家的珍貴收藏：1862年以來的瓶塞和開瓶器。暮春時節，坐在花團錦簇的院落裡，聽身前身後酒杯輕觸的脆響，以及鄰座夫妻意味深長的談笑。

早聽說此地有個笑話：說為什麼大街小巷裡，都見不到奧地利人呢？因為他們都跑到霍麗閣酒莊裡喝酒去了。奧地利人的確崇尚生活，他們的信條是，生活不是為了工作，而工作，是為了生活。因而即便吃得膘肥體胖，也在所不惜。那些退了休的老年人，下了工的小莊主，約上三五個知己，帶上心愛的雪瑞那或吉娃娃，捧著葡萄酒杯，一坐就是大半天。即便維也納城裡的上班族，工作之餘也樂意把車子開到綠蔭深處，到酒莊的園子裡來換換空氣和口味。比起維也納內城那些個雍容華貴的餐館，這些花草簇擁的酒莊，猶如小家碧玉，散發著親切樸實而自然的魅力。

因為迷戀酒莊上的烤肉，我曾想方設法弄來方子，在自家的烤箱裡折騰過幾回。帶皮五花肉，黑胡椒海鹽，再撒上足夠的丁香、肉桂和蒜瓣。然而，好一番忙活之後，色香味與酒莊上的相比，終究大相徑庭。後經先生的姐姐──這位地道的奧地利美食家指點，我才得知：人家酒莊上的烤爐是特製的，並且在烘烤過程中不僅放了月桂葉，還加了老湯與自產的紅葡萄酒。我忽然醒悟：一方水土養一方人，這就是人家的絕活，只管去吃就是了，何必一定要東施效顰呢？就像我們的北京烤鴨，東來順涮羊肉，杭州西湖的醋魚，那是外人能輕易搬走的嗎？

霍麗閣酒莊如同歲月積澱的佳釀，香飄四溢，其歷史可追溯到久遠的羅馬時代。皇帝普羅布斯目光獨到，深諳維也納周邊的陽

光、土質和雨水，下令在這一帶推行葡萄種植，該傳統便一直沿革至今。霍里格（德語：Heurige）的本意，是指發酵後仍在冒著氣泡的新酒，後來漸漸演變為當日或當年的葡萄酒。酒莊直接出售自家釀制的葡萄酒，並烘烤出與葡萄酒相得益彰的傳統美食，這已成了維也納周邊獨一無二的風情。每家酒莊的酒賣完了，他們便關門歇業，直到新酒問世，再開門。若是有那家酒莊，為了謀取暴利悄悄從別處進酒，便被毫不客氣地逐出霍麗閣酒莊的名冊，並遭到整個村鎮的唾棄。這就是奧地利酒農的秉性。在這個世界上，還有比掙錢更重要的！

維也納作為音樂之都的美譽，聞名遐邇；殊不知，維也納還是被七百多公頃葡萄園擁抱的綠色都市。出於環境保護，山腳下連綿的葡萄園和釀制間，一直頑強地抵抗著化學藥劑；酒閣裡的作業及瓶裝衛生也極其嚴格。為了避免酸澀和異味入侵，這裡的葡萄採摘和去莖始終堅持手工操作。因而此地出產的葡萄酒，不僅保持了葡萄的原有風味，還似乎裹狹著某種獨有的風情呢。冬季的酒莊，窗外寒風淩冽，屋內爐火通紅，喝一杯時下的紅葡萄酒，頓感醇厚甘美，溫暖四溢；夏日黃昏，兩人對坐在酒莊的後花園裡，各自捧一杯白葡萄酒，細細品味，清涼愜意，舒爽宜人，自是回味不盡。

十月是葡萄收穫的季節，也是酒莊的盛大節日。不少酒莊乾脆把吃的喝的一股腦搬到後山的葡萄園子裡。綴滿果實的葡萄架，方陣似的在陽光下閃著金色的光澤。崇尚自然的奧地利人，紛紛從四下裡湧過來，將車子停在村口，徒步沿著田埂小道，朝山上的園子中央聚攏。隆重的慶祝伴著妙趣橫生的滾木桶、走樹椿，然後大家

背靠葡萄園，端起冒著氣泡的新酒豪飲。這個時候，著節日盛裝的鄉間樂隊，情不自禁地奏響霍麗閣酒莊的慶典曲。在大家的歡呼聲中，貝多芬的第九交響曲——田園交響樂，在半空中彌漫開來。

據說貝多芬的田園交響曲，就誕生在多瑙河邊的葡萄園裡。今天的維也納北部，有一家名為梅雅（Mayer）的霍麗閣酒莊，正是作曲家貝多芬1817年住過的房舍（Beethovenhaus）。店主梅雅一家，至今悉心地保持著貝多芬故居的原貌。作為酒莊，梅雅的裝飾與擺設並不特殊，一向的傳統風尚，一向的牧野風光。但由貝多芬故居演變而來的酒莊，則毫無懸念地成了一處聖地。慕名而來的食客絡繹不絕，在此享受美食與美酒之餘，又多了一份對這位傑出音樂家的憑弔與緬懷。其實，葡萄酒是有靈性的，在音樂的薰陶中，葡萄酒的口感和風味會更加完美。舉目望去，酒莊不遠處便是梅雅占地二十公頃的葡萄園，浪漫與冥想，像一串串美妙絕倫的音符悄然而出。

這個週末，我獨自來到霍麗閣酒莊，依舊坐在背靠修道院的這家園子裡。涼風習習，空氣裡夾雜著甜絲絲的香草味。不知什麼時候，酒莊裡添了三人小樂隊，靜悄悄彈撥起貝多芬的小夜曲。每一個音符都精確，在這暖夜的花園裡蕩漾。醉意朦朧時，修道院的羅馬式尖頂在雲層間若隱若現。看來，神界和世俗是分不開的，無論什麼人都是要吃、要喝的。條桌上的蠟燭霎時亮了，在蠕動的夜色裡閃閃爍爍。恍惚間，我感覺自己如同置身萬家燈火。

16. 美食天下維也納

常暉

　　上世紀九〇年代初，我從波士頓赴維也納觀光旅遊。暮色蒼茫裡，被市中心環城大道上的建築及其歷史迷住，流連忘返，欲罷不能，直至饑腸轆轆。夜深時分，偶見黑山廣場對面燈火通明，似有宵夜。走近一看，竟是一家百年老咖啡館。進去點菜，中國胃就暗示：哎呀，別挑了，快來一道湯吧！從此發現了維也納的湯，從此愛上了維也納美食。

　　那晚的湯名曰「牛肝清湯」（Leberknoedelsuppe），是在熬制了若干小時後的牛肉清湯裡，加入手工捏制、配料精細的牛肝丸子，湯上再撒一層綠花花的小香蔥粒。一勺清湯下肚，滿腹舒暢；

一塊牛肝入口，唇齒溢香。事實上，那個夜晚，維也納把我留住了，並且很快遷居於之，一住，就是二十個春秋。

維也納人熬湯是出了名的，尤其是有別於法國濃湯的那些清湯。看看牛肉清湯的製作過程吧：首先，用高壓鍋是大忌；其次，必須取牛身上最細嫩部位的肉，小火煨它三四個小時，看湯裡慢慢冒出讓食客心儀的清亮油花，然後舀進瓷湯缽，並添入牛丸或手擀蛋面絲、米團、玉米麵團、牛腦、牛骨髓、火腿肉絲、牛肺片、餅乾片和蔬菜片等，最後撒上一層如上所述的香蔥粒，可謂色香味俱全也！

愛上牛肉清湯的我不久便發現，一頭牛在維也納的食客眼裡，全身都是寶。維也納最著名的牛肉餐館普拉胡特（Plachutta）的菜單首頁上，印有一頭大牛，牛身每個部位都被標明說法，以便大家點菜時選用。都說中國人無所不食，其實維也納人也差不多，包括內臟和腦髓。當然，他們心愛的寵物狗除外。

追根溯源，維也納很多餐館叫Restaurant。此法語詞原意為「休憩」，但維也納人借用它後，其意便與熬湯息息相關了。它暗示著熬湯要有耐心，放鬆心情去等待，直至把湯熬出「濃重」的味道來。如果一家館子被命名為Restaurant，它那兒熬制的牛肉湯想必錯不了。德語裡還有一詞Gasthaus，籠統地表示餐館。

說起維也納的飲食傳統，其實源遠流長。這個地處中歐的城池，從始於西元前八世紀的哈爾施塔特文化到百年前的哈布斯堡王朝，一直集各地美味之大全，可謂歐洲名副其實的美食天堂。

西元前八世紀到前四世紀之間，喜愛經商的伊利里亞人來到奧地利境內的多瑙河域，逐步取代種葡萄的凱爾特人，進行橫跨歐亞

非大陸的貿易往來。東海的琥珀，英格蘭的錫，摩拉維爾（現捷克境內）的鐵，薩爾斯堡地區的岩鹽，萊茵河域和亞得里亞海岸的玻璃，南高盧的陶制餐具，南歐的橄欖油，羅馬的香水，腓尼基（現黎巴嫩、以色列和敘利亞部分地區）的彩色玻璃瓶，甚至非洲的象牙和俄羅斯南部的馬鬃，都在當時位於維也納郊區的羅馬行省諾裡庫姆（Noricum），被大量交易。

物來人往。維也納因此而聚集了不同地區的不同種族，比如屬日爾曼族的誇地人，來自黑海的赫魯利人，伏爾加地區的匈人，伊比利亞半島的西哥特人，義大利的東哥特人，東歐的斯基利人，源於斯堪的那維亞的倫巴底人，著名游牧民族阿瓦爾人和斯拉夫人等。到了十世紀，巴奔布格王朝（976-1246）青睞姻親政策，進一步促進了民族大融合。而哈布斯堡王朝（1273-1918）秉承其志，將姻親政策繼續發揚廣大。

維也納作為當時歐洲的政治和文化中心，大街小巷裡的交流語言夠國際，包括希伯來語、希臘語、拉丁語、德語、法語、波蘭語和土耳其語等等，操著這些語言的居民們，都在用民族食物演繹各地飲食特徵，無論是在自家的爐灶，還是在餐館的廚房。維也納成了各路英雄切磋廚藝，施展才華的好場子，令食客眼花繚亂，應接不暇，成了一隻隻大饞貓。

十八世紀的德國法學家約翰・巴西里斯・庫舍貝克曾經這麼描繪過當時的維也納人：「對維也納人最好的形容，莫過於他們耽於吃喝的勁頭兒。更準確地說，是暴飲暴食。無論高貴還是低賤，無論宗教人士還是凡塵俗子，絕不例外。他們中的大多數人認為，沒

什麼比坐在桌邊喝小酒度日更美妙的事兒啦！」當時的德國作家和演員約翰‧卡斯巴‧里斯貝克也忍不住說：「談到吃，我在維也納一家餐館點菜時，那跑堂一口氣報了二、三十道菜肴，速度之快，讓我根本搞不清它們之間的區別……我得承認，維也納的館子真是價廉物美！」

　　一家普通的維也納館子，在那個時代都有哪些美味？我查詢到一張十八世紀末維也納館子裡的菜單：面疙瘩牛肉清湯、水煮牛肉配山葵麵醬和紅泡菜、炸馬肉、清水河蝦、炒鴿肉、燒羊肉塊、烤雞、炒鵪鶉、烤鵝肉、炸小牛肉、炸豬排、塞肚扒雞、烤火雞、煎鯉魚、燒鱒魚，還有各種或綠葉、或彩色、或加沙丁魚的沙拉菜、馬鈴薯配菜和剛出爐的麵包，以及添加了各種香料的肉末塗料。最後還有各色精美蛋糕。

　　一家老百姓館子裡的菜單就如此豐富多樣，那麼皇宮貴族的宴席上，會有怎樣的景致？十八世紀的歐洲正值巴羅克藝術風格的巔峰，但這巴羅克不只限於文化藝術作品裡描述的天使模樣，巴羅克時期有錢人家的美豔女子，個個富態，人人玉環，崇尚的是「肉感」，而非「骨感」。所以，沒人會對山珍海味忌口。當時，一個侯爵家的標準晚宴上，人們在品著奧地利、德國、匈牙利或義大利等國的葡萄美酒時，必會嘗到下列菜肴：

　　第一道是湯。包括牛肉清湯、魚湯、勾芡的蘑菇雞湯等。
　　第二道是醃制肉類。包括火腿腸、五香肉片和魚片、牛舌、香腸和野味等。

第三道是大炒。包括野雞、山鶉、火雞、野兔、家兔，配以檸檬、柳丁和橄欖。

第四道是小炒。包括山鷸、雲雀、野鳩等。

第五道是水產。包括鮭魚、鱒魚、金槍魚、鯉魚、河蝦和老鱉等。

第六道是蛋類。包括烤蛋品、鹽鹵蛋和炒蛋類。

第七道是水果、麵包加乳酪。

第八道是甜品。包括夾心糖果點心、乾果、果脯、拌糖杏仁泥、黃蓍小圓餅和各種蛋糕。

關於魚類珍品，它們遠不止於上述菜單上的那幾種。多瑙河及其以南地區的紐西德淡水湖有諸如河鰻、鱸魚、鱒魚、金槍魚、鮭魚、鯉魚、淡水鮭魚、七腮鰻、梭鱸、丁鮍、鱘魚和六須鯰等大量可食魚種。至於豬肉，更是維也納人酷愛之食。炸豬排、烤排骨、肉桂五花烤肉、烤豬肘和熏豬腿等，都是維也納人百吃不厭的美味。

談維也納美食，不可繞過去的另一個重頭戲，是它的蛋糕傳統。常有維也納人寧願不吃午餐，也不能錯過下午去咖啡館喝一杯咖啡，吃一塊蛋糕的機會。雖然聽起來不太健康，但維也納人懂得自嘲：「那就到耶誕節時節食吧！」維也納最著名的薩赫蛋糕百年聞名，這種內裏加糖杏仁泥的巧克力蛋糕，屬當年的皇室貢品。不過很遺憾，我們中國人屢嘗屢敗，就是不愛。為何？太甜膩！

然而薩赫蛋糕之外，維也納還有好幾家傳統的K u. K（皇室）蛋糕房，如德莫爾等，它們製作的各式精美蛋糕令人歎為觀止，食

來細膩無比,甚至入口即化,而食後唇齒留甘,餘香不散。中國人在維也納偏愛果子類和可可類蛋糕,如榛子蛋糕、核桃蛋糕、栗子蛋糕和艾斯特哈西蛋糕(內含多種果子)、可哥泥蛋糕、松露蛋糕和巴黎尖頂。再有就是林茨蛋糕、馬拉可夫蛋糕、莫札特蛋糕和罌粟籽蛋糕等。當然,此罌粟籽非彼罌粟籽,人們無需畏於它作為鴉片原料的麻痺性。

德國十六世紀著名詩人和戲劇家漢斯.薩克斯寫道:「維也納這座城市啊,人口稠密。而令人眼花繚亂的,是他們天天美食,日日大餐,從五穀雜糧到山珍海味,從空中的鳥兒到地上的禽類。」其實德文裡就有句諺語,叫「愛情穿腸而過」,言外之意:想表達愛意嗎?整出一頓大餐吧!看來「民以食為天」一說,並非中國人的專利。不信,就來維也納吧,她不僅是音樂之都,也是美食天下!

17. 奧地利飲食雜談

俞力工

　　奧地利曾經像中華民國一樣，是個領土比當前廣闊十倍以上的奧匈帝國。熟悉「音樂之聲」（The Song of Music）影片的人都對男主角具有海軍艦長身分留有印象，也就是說，第一次世界大戰之前，該國領土曾經擴及亞德里亞海，因此擁有過一支海軍力量。嗣後由於戰爭失利，便受到戰勝國肢解疆域的無情處置，於是乎，一方面丟失了南部斯拉夫民族的生活圈，同時也使自己淪為侷限於德意志民族的內陸國。

　　談及這段歷史，目的不外是強調奧地利曾經是個雄踞歐洲的大國，領土一度北抵北海，西通大西洋，東臨烏克蘭，南達地中海。

至於其文化發展，自然受到所有周邊文化的影響，兼容並蓄地揉合成以維也納為核心，以多瑙河流域為主軸的「多瑙文化圈」。

就飲食文化方面，奧地利長期以來主要受意大利與法國影響，而本身又扮演著文化媒介的角色，繼續把地中海文化傳播給東部斯拉夫民族與北方的日耳曼諸民族。該文化發展過程，其實並不光侷限於飲食文化，而是具體反映著，由尼羅河與中東兩河流域所構成的「地中海文化」才是「歐洲文化」的真正源頭，該文化又於兩千多年前經希臘、羅馬放射至歐洲大陸，由是造就了所謂的歐洲文化。

兩千年前，古羅馬一度將奧地利與亞德里亞沿岸置於羅馬帝國行政區之下。打從那時起，奧地利人就學會了釀造葡萄酒和洗蒸汽浴。或許正是由於其葡萄酒文化源遠流長，至今奧地利人依然偏好葡萄酒，而對啤酒的興趣則遠不及德國人熱衷。

談及葡萄酒，筆者於六〇年代中期初抵奧地利時最感吃驚的還不只是葡萄酒館四處林立和價位低廉，而是無法理解為何大多平民化的酒館不設座椅。那時代，三五成群的酒友多靠著一個個高及胸膛的小圓桌站著飲酒。彼時奧地利的乾白葡萄酒質量遠遠超過紅酒，然而對中國人的口味而言，乾白葡萄酒卻是其酸無比，因此接受這種飲料不只是需要相當的品酒火候，尤其是需要克服過多胃酸所造成的虛寒折磨。奧地利酒友令人佩服的地方即在於能夠若無其事地以站姿喝上五、六小時的乾白，而且既沒有任何零嘴下酒，又不流露絲毫的疲勞。長期以來，本人雖然目睹過無數醉態可掬的奧地利酒友，但記憶中不曾見過酗酒鬧事的案件。從這個側面，也反映出兩千年的熏陶已練就一定的酒品與應對門道。

　　如前所述，奧地利大體位居西歐中央，隨著疆域的擴大，不斷地吸收各地的菜餚，譬如南方的麵食，西方的奶酪，東部斯拉夫民族的燒烤與燴牛肉，東南部突厥人帶來的若干作料、咖啡與茶，北方日耳曼人的麵包與醃肉，西部的甜食與糕點……。如今，再經過數十年旅遊文化的影響，「國際菜」（如通心粉、牛排、漢堡包）已有後來居上之勢，能夠舉出「純正奧地利菜」的花樣其實並不很多。

　　言及此，突然憶及學生時代一些親身經歷、又終生難忘的維也納特色。那就是，六、七〇年代奧地利自我標榜為「祖母手藝」飯店（Omas Kueche）非但四處林立，最為難得的是，這類飯店多按顧客的不同支付能力，而闢為前、後兩個不同餐廳。前廳多與酒台與酒友共處一堂，排桌上不鋪桌布與餐具，菜單較為簡單，且價格只及後廳的一半。至於菜餚與服務的質量，就我所知毫無差別待遇現象。因此當時即便是個窮學生，依舊可偶爾前去打打牙祭。此後隨著經濟發展，尤其面對著人口負增長和下一代拒絕從事餐飲事業的困擾，這類「祖母飯店」逐漸淘汰，以至於成了少數「老維也納」的懷舊憑弔場所。

　　與「祖母飯店」同時退出市場舞台的還有那些數十年前數之不盡的咖啡館。據說十七世紀末年，突厥奧斯曼帝國遠征軍第二次圍攻維也納失敗後，在城牆下留下了一批令人垂涎三尺的咖啡豆，因此孕育了名聞遐邇的咖啡文化。其實奧地利本身不長一顆咖啡豆，但經過進口和混合、加工處理，居然就奠定了咖啡消費與出口大國的地位。奧地利「咖啡配方」的種類繁多，與意大利、法國相比，

則毫不遜色。最為難得之處似有兩點。一是咖啡館不論檔次高低，現打出來的咖啡從不失手、溫度一定能夠維持滾燙。這說明每個咖啡館的員工都受過嚴格訓練，同時均具有一絲不苟的敬業精神。其次，顧客不論貴賤與消費多少，咖啡館絕對不會給予顏色或下逐客令。相反，為了挽留客人常／長坐，甚至周到地配備了各種報紙雜誌……。不言而喻，這種經營傳統與方式無法「與時俱進」，因此除了一家家慘澹經營或關門大吉之外，如今尚留存的具有維也納風格的「招牌咖啡館」已是屈指可數。

一路拉拉雜雜談下來，不露兩手是無法向讀者交代的，因此話題又得回歸什麼是典型的奧地利菜？經抽絲剝繭、嚴格追究，我想簡單提提眾所周知的炸雞（Backhenderl）、維也納炸豬排（Wienerschnitzel），茴香烤肉（Kuemmel Braten）和燒豬肉（Wiener Krustenschweinsbraten）。其他，如洋蔥炸牛肉、水煮牛肉，周邊地區如德國、瑞士都有類似的做法，因此不加贅述。

維也納炸雞與維也納炸豬排醃製方法大體一致，都是放些鹽與胡椒。雞需時久些，因此最好是以半隻為量，或一分為四，油炸時溫度也較低以免炸糊。這道菜最關鍵的地方在於油炸（油量至少淹過肉量）之前，肉片要盡量用刀背拍大、拍鬆，而後先敷太白粉（或稱茭粉），再敷蛋糊，而後再敷一層麵包粉。先敷太白粉的目的在於使麵包粉層與肉隔離且膨脹，如此，成品便顯得龐大又壯觀。一旦次序顛倒或偷工減料，就失去維也納的大氣與豪邁了。

　　茴香烤肉採用大塊五花肉。表皮要用利刀橫、豎切為指甲大小的方塊（半冰凍狀態較易改刀），深度以觸及瘦肉為宜。肉前後左右用鹽與胡椒（可加些硝）塗抹醃製，最後再大方地撒上一層小茴香（顆粒與粉均可）。醃製時間大體為一至兩天。烤箱裡必須放一小碗水以防烤肉乾燥。烤時可預熱10分鐘再調成中火，皮面朝下先烤30-40分鐘，而後翻面再烤30-40分鐘。如果不見表皮膨脹、嘣脆，可開最大火，待顏色呈黃褐色即可切片端桌。

　　燒豬肉可用一條條手掌寬的五花肉或略肥的豬頸肉（切成手臂粗的條狀）。做法是在煎鍋裡中火將四面煎呈黃褐色，而後放入大量蒜瓣與大量胡椒顆粒，再加半碗水與鹽，小火加蓋煮上一個半小時（不時翻面）。隨不同口味，可加入些洋蔥、小茴香、百里香、迷迭香、一點啤酒。需注意肉會出水，因此不必加太多水。煮好時切片澆上肉汁即可上桌。Guten Appetit！

PART IV

喝吧，無與倫比的浪漫

西歐——英國、法國、荷蘭

1. 英國國菜：炸魚和薯條

西楠

　　說起「炸魚和薯條」，就不由得要想起我的大學時代。那時年輕氣盛，吃飯沒個準點、也不講究，時常是飯點早已過了大半天，胃裡感到飢餓難當，才趕緊抓起點兒什麼食物「惡補」一陣兒。於是乎，像英國盛產的三明治呀、小蛋糕呀一類簡易速食就成了最佳選擇。以去骨魚肉裹上濕麵團後油炸製成的「炸魚和薯條」（fish and chips）也算其中一種。

　　那時，在我念大學的那個北部城市裡，去往學校的主街上有一家當地人經營的「炸魚和薯條」小店。店面不大，裡邊沒有座位，往來的所有客人幾乎都是去購買「外賣」食品的。一次，我也去買

▎剛上桌的熱騰騰的英國國菜：炸魚和薯條

回一份「炸魚和薯條」，不知是否返回宿舍的路程太長，回家打開
一看，又厚又重的面皮已經冷卻，濕乎乎的一大團粘在魚肉上。再
嘗上一口熱氣不再的食物，直感魚肉中裏帶著一陣陣並不新鮮的腥
味兒撲鼻而來。沒吃兩口我便將食物扔在一旁，非必要時，根本不
想再嘗試第二次。

　　不過，那次食物中的「薯條」卻給我留下了印象。它不同於兒
時常在麥當勞或是肯德基裡食用的那類細長薯條，這兒的薯條被切
成厚重的塊狀（也許稱之為「薯塊」更為合適），表皮並不炸得十
分脆，而是保有一種鬆軟的質地。一口咬下去，熱乎乎的溫暖感充

盈整個口腔，在這天氣寒冷的英國北部，也不失為一種「暖身」的好食物。店裡的大廚又在薯條上澆一瓢肉汁醬（gravy sauce），我便可蘸著吃。

顧名思義，「肉汁醬」由肉類的湯汁和油脂製作而成，再加上麵粉、適量的鹽和黑胡椒，稍微調味之後便收成濃稠醬汁。肉汁醬成棕褐色，據說西餐中的肉類料理常常搭配肉汁醬一起食用，但事實上除肉類料理之外，肉汁醬的用途也非常廣泛，如烤根菜或是約克夏布丁，沾上肉汁都非常美味。我所食用的「薯塊」亦然。

畢業後，很長一段時間沒有再進過「炸魚和薯條」的小店。後來開始工作，收入稍微豐厚了些，更是不願光顧這類「工作便餐」般的「經濟」小店，一部分原因是懷抱著「中國式」的老想法，總覺得「炸魚和薯條」吃起來沒有「正餐」的樣子，好像在馬馬虎虎地過生活。

直到有一回，無意中從一位英國朋友口中聽說，「炸魚和薯條」竟是英國的「國菜」。回家上網查看資料，果然，據稱自十七世紀起，馬鈴薯已開始在英國流行了起來。在十九世紀，吃炸魚在倫敦和英國東南部變得普遍，甚至連狄更斯也曾在《霧都孤兒》一書中提到了「炸魚倉庫」。與此同時，在英國北部，油炸削成塊狀的馬鈴薯產業被開發。後來這兩項食物就被合併成了我們今天所知道的「炸魚和薯條」產業。

但儘管知道了這一切，還是沒動心思專程去吃一頓。一天，我的先生對我說，在他公司附近有一家聲名遠揚的炸魚薯條店，約我下班後前去試上一試。據稱這家店還是家百年老店呢。

於是這一天，我們結伴來到馬里波恩（Marylebone）一條街道拐角處名為「The Golden Hind」的炸魚和薯條店中。店面不大，內設十來張木制小圓桌。我和先生就隨著侍應生的腳步，在靠角落裡的一張雙人桌子旁落座。

　　打開菜單一看，這才發現吃炸魚和薯條也能吃出如此多的花樣。光魚的種類就分了許多種，有：鱈魚、黑線鱈、鮭魚、歐鰈、大比目魚和槍烏賊，配菜也琳琅滿目，有薯條、煮豌豆、豌豆、洋蔥和麵包片，等等。我於是就照著最傳統的吃法：炸鱈魚加薯條來了一份。

　　不多時，食物上桌，除去我點的炸魚和薯條外，旁邊還配有一份粘稠的醬汁，問了問侍應生，才知道那叫作「塔塔醬」（Tartar sauce），是由洋蔥、羅勒、醃黃瓜切碎末、熟雞蛋和少量調味料混合而成，通常用來搭配海鮮類的油炸物。

　　於是我左手持叉、右手持刀，小心翼翼切下一小塊色澤金黃的炸魚，沾上一點兒塔塔醬，緩慢送入口中。想起上一次吃炸魚薯條，已經是大學時代的事情，卻沒想到這十年後的再次品嘗，竟瞬間令我對它大改觀——其魚肉新鮮多汁，面皮很薄、炸得恰到好處、外脆裡軟，再配上香氣四溢的塔塔醬，簡直有種入口即化的效果。假使光吃魚肉有些發膩，那麼就吃上幾口無任何添加物的薯條便是。

　　真不知是這食物的味道較十年前有了極大改善，還是我也已入鄉隨俗、融入了本地口味？總而言之，「炸魚和薯條」現在也成了我們每週必吃的食物之一。

　　你也想來嘗試一番？我把我們這裡英國當地家庭製作炸魚的私
房菜菜譜分享出來，大家不妨現在就來試試吧。

英國炸魚

　　1人份炸魚薯條的炸魚做法，將100克普通麵粉與100克自發麵粉
混合，放入半茶匙鹽（5毫升），挖個小坑，放入蛋黃一個；加入半品
脫牛奶或黑啤酒、一湯匙油（15毫升）、適量水，打成奶油麵糊。靜
置30分鐘。將兩個蛋白打至起泡，混入奶油麵糊。

　　魚洗淨，斬頭、去尾、剔骨，兩面拍粉，提魚的一端讓整條魚滑
入奶油麵糊容器中，取出時注意用容器邊沿去除過量麵糊。

　　油溫為180攝氏度。將魚輕輕地放入油箱，注意不要近身，以防濺
油。3-4分鐘後，魚會浮至表面，用漏勺翻身，續炸3-4分鐘，呈兩面
金黃即可。

2. 巴黎人愛吃馬肉

楊允達

世界上最講究「吃的藝術」的國家，應該數中國第一，法國第二，義大利第三。大致說來，中國菜種類繁多，注重色、香、味和烹調的技術；法國菜也很注重調味和烹飪，但是種類變化遠不如中國菜來得多；而義大利菜則以各種發麵作成的食品取勝，例如披薩，番茄肉醬通心粉等等。

但是法國人，尤其是巴黎人，喜愛吃馬肉，這非但使義大利人覺得很稀奇，使我們中國人也感到很新鮮。

巴黎人吃馬肉是跟他們吃蝸牛一樣地聞名全世界，而且吃的方法與眾不同。巴黎人吃馬肉的方法大致有四種：一種是馬肉火鍋，

在砂鍋或是鋁鍋裡放半鍋花生油和佐料，等油燒熱後，把切成塊的馬肉放進鍋裡，邊放邊吃，老嫩隨各人所好，就好像中國人吃涮羊肉一樣。

第二種是烤馬排。烤的方法跟烤牛排一樣，烤熟以後醮各種佐料吃。

第三種是把馬肉切碎，扮些佐料進去，吃起來很香。

第四種是把馬肉切碎灌成肉腸，可以收存起來，慢慢的吃。此外，馬的腰子，馬的舌頭也是巴黎的名菜，就好像中國人吃炒豬腰，紅燒豬舌頭一樣。

說起來，巴黎人吃馬肉，以及巴黎開設馬肉店的歷史，只不過一百多年而已。在十九世紀時，巴黎人熱衷於騎馬和賽馬，養馬的風氣很盛，等到馬老了不能被人騎也不能參加比賽時，就被人殺掉、埋葬，當時，有些獸醫認為這樣很可惜，就鼓勵大家吃馬肉。

在1866年，一位名叫愛彌爾。杜庫瓦（Emaile Ducrois）的獸醫，為了提倡吃馬肉，特別拿出五百金法郎，協助一位肉商，鼓勵他專門賣馬肉，不久得到巴黎市警局的許可，領到執照，正式開張，成為巴黎第一家專門賣馬肉的店。以後愈來愈多，而且每家店門口都掛了一個馬頭商標，讓人家一看，就知道是馬肉店，成為名副其實的「掛馬頭賣馬肉」，可以說是巴黎街頭的一大特色。

在一百多年前，馬肉剛巴黎上市時，曾經引起社會人士的爭論，雖然有些科學們現身說法，他們一邊在飯館吃馬肉，一邊大事鼓吹馬肉的營養價值，可是，一時很難打破人們的傳統偏見，不敢吃馬肉。因為那時一般巴黎的窮人家，很清楚那些馬肉都是老而不

堪，認為並不適合食用。可是，由於當年馬肉的價格只是牛肉和羊肉的五分之一，大家為了便宜，慢慢買來吃，漸漸地銷路增加，馬肉店如雨後春筍，馬肉的價格也跟著上漲，現在馬肉的價錢已和牛肉和羊肉不相上下。

起初，巴黎的馬是跟牛、羊同一個屠宰場，屠宰以後送到馬肉店賣，到了十九世紀末年，才在巴黎南區建了一座全新的屠宰場，專門殺馬，供應全巴黎兩百萬人口所需。這座屠宰場在1894年興建，在1904年和巴黎市政府簽訂了七十五年租借的合約，於1979年合約期滿，市政府收回土地，改建成公園，學校和娛樂中心，屠宰場正式關閉，不再殺馬，將近四十年來，巴黎人吃的馬肉，分別從東歐、英國、愛爾蘭和北美冷凍進口，使巴黎人吃馬肉的故事寫下歷史性的一章。

3. 普羅旺斯的橄欖油

高蓓明

　　遊歷過義大利、西班牙、葡萄牙、法國和希臘這些南歐國家的遊客應該對橄欖樹都不陌生。它們是這裡一片片土地上的生命樹，幾千年來，橄欖樹養育了無數眾生。甚至遠至土耳其，以色列這些國家，橄欖樹在生活、文化經濟和宗教中都佔有重大的意義。

　　橄欖樹渾身是寶，果實可以食用，也可以榨油，其樹枝可以製作家具，也可用作燃料，樹葉可以用作香料，而一棵上了年紀的橄欖樹，其外形風姿萬千，枝幹飽含歲月的滄桑，不僅可以當作藝術品來欣賞，更是一個家族的象徵物。

　　橄欖油在地中海沿岸國家已經有幾千年的歷史，供食用的高檔

橄欖油，是用初熟或成熟的油橄欖鮮果，通過物理冷壓榨工藝提取的天然果油汁，橄欖油的品質分三種，按其製作工藝分冷壓，熱壓和萃取。冷壓的品質為最佳，用於食用，其餘的品質用於製藥和美容品。

橄欖樹葉呈灰綠色，樹幹最高可達二十米。用於經濟作用的橄欖樹需要修剪，枝丫越彎曲疙瘩越多，收穫的果實也就越多。剛結果的時候，橄欖的顏色是青色的，成熟時顏色變深，成為棕褐色的或者黑色。橄欖樹在氣溫十五至二十度的環境下，生長最好；橄欖樹比較耐熱而不耐寒，在二十歲的時候，收果實最多。

金色的十月，我們來到了法國普羅旺斯，雖然紫色的薰衣草早已過了盛開的季節，但是田野裡、山坡上到處都是橄欖樹，碧綠碧綠的一片。法國南部的燦爛陽光和風景，正如梵古油畫中所展示的田野風光，吸引了無數的遊客前來遊覽。耳邊到處是嘰裡呱啦的南方口音，好不喜悅！法國女人的打扮，在我看來要比德國女人更顯綽約：長裙，大寬邊帽。色彩繽紛，萬種風情，就像這方南方水土鎖不住的秋色。

我們來到熙熙攘攘的週末露天市場，萬里擺長街，望不盡的人群，攤子裡提供著各色橄欖製品，琳瑯滿目，讓人目不暇接。可以說，沒有了橄欖和橄欖油，那些聞名世界的美食就會變得蒼白虛無。

在普羅旺斯的les Baux我們參觀了一座橄欖莊園，這座農莊裡有一千多棵橄欖樹，農莊主告訴我們說：橄欖樹的壽命都很長，可以達到一千多年。1956年的冬天，法國天氣驟冷，降到零下二十二度，大多數的橄欖樹都凍死了，可是到了第二年，它們的根又都慢

慢地活過來了，甚至結了果子。

　　橄欖樹上青色的果子是剛結成的，黑色的果子是成熟了的。市場上出售的黑色橄欖中，有些是加工出來的，並非天然產品。

　　我們在農家庭院樹蔭下圍成一圈，中間擺了一張桌子，上面放了這個農家自產的橄欖油，系經過冷壓品質最高的那種。還有各種品味的橄欖油調料醬，果醬。農民一家為我們提供了二種口味的橄欖油，一種是用新鮮採摘下來的橄欖壓榨成的橄欖油，口味有點辣；還有一種是用存放了幾個星期之後的橄欖壓榨的橄欖油，辛辣的味道已經消失。這二種橄欖油都十分地清香，我還從來沒有嘗過這麼好吃的橄欖油。

▌農貿市場上的各式橄欖食品

橄欖莊園裡樹上結二種顏色的橄欖果

　　法國的農民樸實又熱情，老媽媽一圈又一圈地給我們分發麵包，因為醬要塗在麵包上才能品出美味來。這滿桌子的成品裡，最好吃的要數用橄欖油調成的蛋黃醬，大蒜味的，可惜沒有成品賣，這種醬要新鮮做成最好吃，這家農民為了我們特意調製了蛋黃醬，放在有著美麗花紋的大理石做成的四耳缽裡，可見主人對這種食物的敬重。一般人家的主婦，只為自己的家人調製這種蛋黃醬。

　　沒有加工過的橄欖是無法食用的，因為它很苦澀，必須要放在鹽水裡浸泡，直到苦味消失後，再醃製成各種口味。也有直接泡在油裡面的，可以存放很久，香味不變。橄欖作為食品製作時，有些帶核醃製，有些去核醃製，也有些在去掉核的芯子里加上紅辣椒或其他的食物，一起醃製，既美觀又增加了口感。

　　橄欖果醬我還是第一次品嘗到，味道真不錯，很清香，我在農莊的商店裡買了兩瓶帶檸檬味的回家。橄欖果醬是甜的，而塗麵包用的橄欖醬是鹹的，一般被當作開胃菜食用，綠橄欖和黑橄欖都可用來製作橄欖醬，視各人口味也可加入香草、辣椒和鹽等。橄欖醬塗麵包是一款有名的普羅旺斯美食，製作方法並不複雜，大家可以在家裡試試看。

　　有人喜歡吃魚，可以在做的時候放一些魚肉，打碎進醬末裡，一起煮熟。比如將鳳尾魚同黑橄欖配在一起就是一款很可口的美味。

　　剛來歐洲的時候，還吃不慣這裡的橄欖油和橄欖，隨著歲月流逝和周圍環境的薰陶，現在我做菜，非橄欖油不可。下面給大家透露下我的私房菜小秘方。

橄欖醬塗麵包

食材：

特級橄欖油3湯匙、黑橄欖20顆、蒜碎2湯匙、迷迭香1茶匙、鹽少許、黑胡椒粗粉1湯匙。

做法：

將黑橄欖、蒜碎、特級橄欖油一起放入攪拌機內攪打成糊狀，再加入其餘材料略煮即可。注意橄欖油的用度以將所有的調料混合入泥為度。

我喜歡喝湯，在家鄉時常做羅宋湯喝，用的是牛肉、馬鈴薯、捲心菜和番茄。來到德國後仍然愛喝羅宋湯，考慮到健康的問題，儘量少吃肉，那麼我就在這裡同大夥一起做一鍋用橄欖油製作的素菜羅宋湯。

讓我們先準備齊素菜：胡蘿蔔、捲心菜、番茄、馬鈴薯和香菜。然後將所有的材料洗淨，去皮，切塊備用。放炒鍋在爐上，加熱，放入橄欖油。油熱後，倒入加工好的素菜進鍋，快速熱炒。油一定要熱，菜倒入的時候會聽到「哧」的一大聲，這就是世界上最美的音樂了。

另取一鍋，放入熱水在爐子上煮，待上述的食材炒透了之後，倒入水鍋裡繼續煮。開始用大火，湯煮開翻滾後，蓋上蓋子，用小火燜大約二十分鐘，這中間可以時不時地用大湯勺進去攪拌一下，

放入鹽和紅辣椒粉。當鍋裡的馬鈴薯片酥了，湯發稠了，就可以關火端鍋，撒上香菜末，一鍋美味又好看的橄欖油羅宋湯就成功了！

　　這道素菜羅宋湯，有不同的顏色和營養成份，鹹中帶酸、微辣，很開胃，是在我家很受歡迎的一道菜肴，希望朋友們也喜歡喝。

4. 美酒在法國

楊允達

　　每當我淺飲法國的葡萄美酒時，就會情不自禁地低吟唐朝大詩人王翰作的一首七言絕句〈涼州詞〉：「葡萄美酒夜光杯，欲飲琵琶馬上催；醉臥沙場君莫笑，古來征戰幾人回。」

　　一邊品嘗這杯香醇的法國美酒，一邊抒發吾胸中的一股豪氣。我常想，如果我國詩仙兼酒仙李白轉世來到巴黎，一定會像我一樣地盛讚法國釀酒飲酒的藝術，一面舉杯邀飲，一面高歌：「鐘鼓饌玉不足貴，但願長醉不願醒」。

　　酒是文化的產物，法國在文藝復興之前，由於天主教僧侶和皇室貴族的提倡，再加上天時地利之便，釀酒技術已在歐洲享有盛

名,直到今天,法國以葡萄釀製的香檳、紅酒、和白蘭地,仍然居世界之冠,受到全世界飲酒者所喜愛。

談到法國的酒,不能不先談法國的香檳(CHAMPAGNE)。這種用白葡萄釀造、專門在喜慶宴會上飲用的美酒,開啟瓶塞時由於酒汽沖出軟木塞的「蓬」聲震耳,清冽味美,成為款待上賓時不可或缺的最佳飲料,行銷全世界,為法國賺來大筆外匯。

香檳酒的釀造,是法國人的祖傳秘方,絕不輕易傳授外人。臺灣菸酒公賣局曾於一九七七年派了三位釀酒技師到法國來考察造酒三個月,雖然學會一些釀製紅酒的門徑,但是仍然得不到製作香檳酒的秘方。

我曾經參觀過一家距離巴黎約一百公里的香檳酒釀造廠和酒窖。看到農夫們親手把成串的葡萄採摘下來,用車載往酒廠的搗碎機裡,把葡萄搗碎成汁,排出殘枝果核,然後加糖醱酵,最後裝入一個個大木桶裡再分別灌進酒瓶內。

裝了香檳的酒瓶,必需先平放在酒架上,每隔數日轉動一次,然後再把酒瓶豎立傾斜十五度、四十五度、七十五度、最後放成直立的角度,以利醱酵。

據說:從開始釀造到上市的時間,一瓶香檳至少需時五年,因此,需要很大的投資,也可以由此而看出這種酒的昂貴的理由。

酒窖多半設在地下,必需乾燥陰涼,始終保持攝氏十度至十二度的溫度。酒窖又分為數層,有的建造四層,深達地下十餘公尺,酒架上擺滿美酒,顯示出法國農家的豐足和國力的雄厚。

香檳酒是飯後助興的飲料,生日派對或結婚宴客時,開一瓶香

檳，則更顯得主人的氣派和待客的隆重。飲香檳酒適於先放進冰箱內冷卻半天，則飲時清冽爽口，香味絕佳。但是，切忌冰鎮過久，否則開啟瓶塞時沒有「蓬」的響聲，受不到賓客的注意，倒在杯內也極少有泡沫，減低香味。同時，在開啟瓶塞時，需要技巧，千萬不要搖動酒瓶，否則整瓶酒會噴流滿地，貽笑大方。

會飲酒的人，多半喜愛法國的紅酒（VIN ROUGE）。而法國也極端重視紅酒，並且能夠從中品量出賓主之間的社會地位、文化素養、教育程度、甚至於個人的性格。

一瓶紅酒的價格，可以從幾塊歐元至到幾百歐元，甚至於成千歐元。其中差別極大，完全取決於釀造的年份以及釀造的廠牌。

一般而言，法國的紅酒品級分為初級（Averagevintage）、中級（Mediumvintage）、高級（Good Vintage）、超級（Great Vintage）和特級（Exceptional Vintage）五種。

普通法國人請客，開一瓶初級的COTES DU RHONE已經算是很夠意思；如果開一瓶中級的BEAUJOULAIS，那就表示是待客十分優厚了。

在一般宴會中，餐館的待者對於主人點菜喝酒時即能分辨出主人的貧賤富貴，以及宴席的簡單或隆重。首先，待者要看主人點什麼酒，其次，再看主人在待者開瓶後品嘗第一杯酒的姿態。

在餐館中，如果主人發現待者開瓶的酒味道不對時，可以如價退還，另開一瓶。因此，品嘗這第一杯酒是一門學問，如果品嘗得體，會贏得待者佩服，招待格外慇懃，永遠記住您的大名，絕對不敢馬虎。

　　品嘗這第一杯酒時正確的姿態是：首先要正襟危坐，集中注意力，深吸一口氣，以拇指、食指和中指捏住玻璃高腳杯的細根部，輕搖三下，淺飲半口，含在嘴內兩秒鐘，再徐徐吞進肚內，默數七下，如果味道醇正，則點頭稱讚一聲：「好酒。」這時，侍者捧瓶得到讚許以後，一方面認為已經遇到真正的行家主顧，一方面小心翼翼地為客人的酒杯依女賓、主賓先後秩序一一倒酒，非常賣勁。如果，品嘗之後，發現味道酸苦，則立即皺眉搖頭，低語：「太差。」這時，侍者就會俯首道歉，馬上轉身去為您再開一瓶，務必使您滿意。

　　至於為何必需用拇指、食指、和中指去捏住那隻玻璃高腳杯的細根部，則是為了避免以手掌接觸酒杯，體熱會影響杯中酒而使之變味。如果用拇指、和其他四指握住杯口上部，輕搖杯中酒，則體熱便會透過玻璃傳至杯中之酒，侍者亦將視您為外行矣。

　　法國的白蘭地酒，是一種飯後助消化的飲料，通稱COGNAC，品牌則有拿破侖、三星白蘭地、雷蒙。馬丁、韓納西等，而以拿破侖和三星白蘭地兩種牌子，在中國、港、台三地最暢銷。

　　這種酒，是經過蒸餾而提煉出來的，有活血、助消化的功能，也是冬令進補的最佳飲料。

　　舉世公認，以一九二九年和一九四七年釀造的，屬於特級品，因為那兩年法國南部的氣候最好，葡萄的品質最佳。

　　法國人飲酒，和我們不同。法國人在飯前飲開胃酒，諸如威士忌、馬丁尼和雞尾酒。在吃飯時，如果第一道菜是魚蝦海鮮，則必需飲白葡萄酒，而且必須冰鎮半天以後才開瓶。如果沒有海味

而是吃較易消化的豬肉、雞、鴨等菜時,則可以飲粉紅色葡萄酒（ROSE）。如果是吃油膩的牛排、羊腿時,則必需飲紅葡萄酒。同時,吃了第一道海鮮,開始吃第二道牛排時,必需立刻換白葡萄酒為紅葡萄酒,絕對不能馬虎,否則會被來賓責怪。

飯後,吃過甜點和水果,再飲香檳,或是白蘭地一杯,最後再飲咖啡,這才算是法國式的「全餐」。酒醉飯飽,賓主盡歡。

同時,在飲酒時,尤其是紅、白葡萄酒和香檳酒,最好是當眾開瓶,以昭鄭重,保證新鮮,絕對不可招待客人喝隔夜的剩酒。

我們國內喜歡在宴席上飲用威士忌和白蘭地,一面吃菜,猜拳行令,一面大杯地飲白蘭地,一飲而盡,使歐美人士感到驚奇。他們認為白蘭地是飯後酒,應該慢慢地品嘗。一杯在手,用掌心握杯,使杯中酒受到掌心暖氣,而溢出香味,一面嗅吸酒香,一面淺飲,才算是懂得此道的酒仙,使他們肅然起敬。

5. 永遠的小瑪德萊娜

黃正平

　　有一段時間，我經常出差。每次出門，太太總要在我手提包裡塞上一小包點心，以防誤了餐時餓著肚子。在這些點心裡，有種胖乎乎、類似貝殼形狀、邊上帶點褶皺的小蛋糕是我的最愛，它甜而不膩，奶味十足，松軟芳香，入口而化，吃起來非常方便，兩三塊下肚可以頂很長一陣子，確是旅行的好伴侶，同時當夜點心也不錯。

　　一開始我沒注意這小蛋糕的名字，後來在吃完扔包裝袋時瞥見上面寫著「madeleines」的字樣，這才聯想起普魯斯特《追憶似水年華》裡有敘述過他邊喝茶邊品嘗點心的頗引人入勝的段落，那點

心就是這種小蛋糕，中文譯成「小瑪德萊娜」，而「小」字常被省略，只說「瑪德萊娜」，或者「瑪德蓮」。

小說裡的這個情節很簡單：有一年冬天，敘述者回到母親家裡，母親給他沏了茶，並讓人端來這種叫「小瑪德萊娜」的蛋糕。他把它在熱茶裡浸泡了一下，然後隨意地送入口裡。這時他感受了一種特別的感覺，他是這樣描繪的：

> 當帶著點心渣的那一勺茶碰到我的上齶，我頓時渾身一震，我注意到我身上發生了非同小可的變化。一種舒坦的快感傳遍全身，我感到超塵脫俗，卻不知出自何因。[1]

那天天氣陰沈，敘述者的心情本來也跟這天氣差不多，壓抑得很，但是不經意間的一小口蛋糕和茶水居然讓他的精神狀態發生了質的變化，不但渾身舒坦，而且塵世間的一切凡事俗情，包括功名榮辱都被一掃而空。

為什麼會這樣？是過去的歲月湧上心頭嗎？是的。但這個回憶不是某事、某物、某場景的簡單顯現，而是兒時整個生活的全盤托出。重現的時光很短暫，可能不超過一分鐘，但這卻是「穿越時間序列的一分鐘」，在體會這一分鐘的時候。它「在我們身上重鑄出穿越時間序列的人」[2]。整部作品的亮點便在這裡聚光。

---

[1] 引自《追憶似水年華》第1卷，第47頁，法國馬塞爾‧普魯斯特Marcel Proust 著，李恒基、周國強等譯譯林出版社，1989年版）

[2] 《追憶似水年華》第7卷，第181-182頁

這段情節無疑是《追憶似水年華》中最著名的片段之一，它有如煮酒論英雄之於《三國演義》，或者黛玉葬花之於《紅樓夢》，它就像王禹偁筆下的橄欖，回味無窮，對它的解讀也就可能是無窮盡的。

小瑪德萊娜這種看來很普通的蛋糕成為這部偉大小說的一個中心道具是不是偶然的？事實上，在《追憶》較早的手稿裡，這個情節中沒有小瑪德萊娜，只有幹餅幹（biscotte），後來才在普魯斯特新增加的手稿裡發現小瑪德萊娜（Petites Madeleines）的字樣，作者的這個更改應當有其獨到的想法。而馬德萊娜這個小蛋糕確實也來歷不淺，其中的文化內蘊還豐富得很。

瑪德萊娜（Madeleines）一詞在法語裡既是專用名詞，又是普通名詞。作為專用名詞，它指聖經裡一個有些複雜的女性人物，她既是長期跟隨耶穌的虔誠弟子，又是香料經營者和妓女的統領；作為普通名詞，它先是指桃子、李子、蘋果、梨子等水果，後來又指一種蛋糕。所以，這個詞裡有著宗教的神聖性（耶穌弟子），又有著追求享樂的世俗性（香水和妓女），同時還有司空見慣的生活日常性（水果和糕點）。在這裡面我們可以體會到歷史和現實、感覺和想像的複雜組合。

作為蛋糕的瑪德萊娜又是如何起源的呢？這裡有兩種說法，第一種比較簡單：傳說在中世紀法國洛林地區（Lorraine），一個叫馬德萊娜的年輕侍女為洛林公爵作了這種蛋糕，深受賞識，故此為名。蛋糕的做法看起來一點也不複雜。其基本原材料為：面粉、黃油、雞蛋、白糖、檸檬汁以及發酵粉。這些在今天看來是再普通不

過的東西，但在中世紀時要全部備齊，對普通百姓來說倒也不是一件易事，所以那往往還是貴族之家享用的點心。

另一種說法則比較有文化歷史的含義：有個叫瑪德萊娜的年輕姑娘做了這種蛋糕提供給聖雅各之路（法國通往西班牙的巡禮之路，現列入世界遺產名錄）上的朝聖者，故此而得名，因此蛋糕與朝聖連在了一起。

在這中間有一個細節特別值得注意，這與普魯斯特在敘述這個故事時的一句話有關：「（這蛋糕）像是用聖雅各扇貝殼有凹槽的那一瓣做模子烤出來的。」（semble avoir été moulés dans la valve rainurée d'une coquille de Saint-Jacques）。

聖雅各扇貝是一種相當大的貝殼，成年的扇瓣都在十公分以上，每個重兩百克左右，是美食家最喜愛的貝殼之一，在市場上或餐館裡被直接稱為「聖雅各」（Saint-Jacques），不用再加「扇貝」這樣的本詞。這是因為中世紀「聖雅各之路」上的朝聖者們把這種貝殼的扇瓣系在大褂或帽子上，沿路用它作為化齋的工具，意思是「一口飯足矣」；久而久之，這種貝殼成為朝聖者的象徵物，同時也就被命名為「聖雅各」。《追憶似水年華》的中文翻譯者怕麻煩，幾個版本都只把它譯成「扇貝殼」，免去了「聖雅各」字樣，沒有能夠反映出它的複雜文化涵義，應當說是個缺憾。

瑪德萊娜姑娘做蛋糕是用來送給朝聖者，所以就用聖雅各扇貝殼的帶有凹槽的扇瓣做模子，把調好的面團壓進扇瓣裡，然後放在爐裡烘烤，出爐的蛋糕上便呈現一道一道的槽痕，這也許是馬德萊娜蛋糕最明顯的特徵。

現在當然不再使用扇瓣來做模子了，而是用衝壓而成的碳鋼加不沾塗層模具，但上面少不了一條條的凹槽。

瑪德萊娜蛋糕在法國流行則是在十八世紀以後的事。據說法國東北部的科梅爾西（Commercy）小鎮盛產這種蛋糕，各家的主婦手提柳條籃子到火車站推銷。列車一到，主婦們便以最大的嗓門叫賣，努力做到在最短的時間裡賣出最多的蛋糕；一時整個車站上人聲鼎沸，旅客都湧向車門、車窗觀看，這成為十九世紀法國鐵路的一大景觀。

▍法國超市琳琅滿目的瑪德萊娜蛋糕

如今這種「又胖又矮」的蛋糕在法國超市裡很容易找到，而且品種很多，最暢銷的是聖米歇爾（St Michel）商標的產品。2006年，由奧地利發起的歐洲咖啡館活動中，瑪德萊娜蛋糕曾被選為代表法國的甜食。現在國內的淘寶網上除了有很多馬德萊娜蛋糕成品外，連制作這種蛋糕的貝殼狀帶槽模具都很容易找到，說明這個點心已經漂洋過海，普及到世界各地了。

　　總之，瑪德萊娜，這個小小的蛋糕真不簡單，特別當你就著茶水品嘗它時，簡直就是掉進了法國甜點文化的漩渦裡去了。

▎瑪德萊娜蛋糕配上清茶一杯，是法國點心文化的黃金搭擋

馬德萊娜蛋糕

食材：

　　麵粉200克，白糖150克，黃油125克，1湯匙檸檬汁，半小袋發酵粉，3個雞蛋，少許鹽。

作法：

　　在一個大碗裡放入雞蛋、白糖、鹽和檸檬汁，打勻，放入面粉和發酵粉，充分攪拌，最後放入加熱半融化的黃油，拌勻；用勺盛入貝殼模具內，約八成滿即可。

　　烤箱加溫到170度，將模具放入烤箱，15分鍾後即可出爐。

6. 我比國鄰居的拿手菜

郭鳳西

　　從年輕時代來到比利時，倏忽間已經在西歐這個小而精緻、風景宜人的地方生活四十五載，漫長歲月中，慢慢瞭解到比利時這個國家，建國才二百多年，地處幾個強國之間，在天然資源缺乏情況下，自力更生努力不懈，發展出啤酒、巧克力一些輕巧小發明獨傲世界各國，並致力於美食饗宴推展，做出一些具有特色的東西，享譽國際。

　　比利時人多以一種「悠閒慢活」生活態度來過日子，認為生活就是要快樂，主張人生應該三分悠閒、七分飽，對吃喝特別講究，因此誕生了很多真正的美食名廚。比利時人的會「享受生活」是排

名世界第三的，因地緣及人種的關係，使它融合了法、德、荷三種飲食文化，有最密集Michelin三顆星的餐館及大廚。

說到比利時美食，不得不提到每日三餐的主持人，令人佩服的比利時婦女，她們無論是職業婦女或家庭主婦，都是這個家庭中最重要的一員，她們不僅是家裡稱職的女主人，更身兼內務、外交、經濟，時尚、教子，睦鄰等等，同時還不懈怠自己的內外兼修，因此比利時女姓可謂是一家的靈魂人物。通常比利時女主人的家庭菜是這樣的：早餐以甜食為主，包含酸奶、果醬、各種麵包、蜂蜜、咖啡。午餐多是熱食，有湯、前菜、主菜、甜點，這是一天中比較用心做的一餐。晚餐比較簡單，只有麵包、湯或沙拉。

我的鄰居好友Elly DUMOULIN，是護士出身，她有五個小孩，是個典型母雞型媽媽及家庭主婦，從早到晚不停的洗刷、煮、烤。每天必須為一家人吃喝算計，例如平日家常吃飯可以用沙拉、雞、肉、馬鈴薯、麵包打發，過年節慶時她就認認真真地煮她的拿手菜。而我從她那裡學來的三個比國傳統菜，也是我每次請中國友人吃飯最成功，最有信心及得稱讚最多的菜。

如果這三個菜以難易度分的話，第一個簡單最易做的是火腿起士捲（Chicon au gratin），第二個是要花時間慢慢燉的牛肉Carbonades Flamandes，最後的是煨海鮮Waterzooi de piossion，這道菜比較講究火候、時間、花費較大，這是招待貴賓時拿出來的菜。

我們的食緣開始是我去比國朋友家做客，回來和聊天Elly時，向她討教我吃過的菜是什麼？怎麼做？她就決定教我做，帶我去採購需要的東西，詳細解說每一個步驟，多年相處我們常常做的就是

這三個菜。

首先解說第一個菜，萵苣Chicon是一種可生吃的生菜，煮熟後每一棵用一片火腿片包捲起來，加牛油、鮮乳油（Crème fraiche）蒜、麵粉、肉荳蔻、灑一層碎乳酪Bechamel，放225度烤箱，烤二十分鐘。配上馬鈴薯泥，烤熟後的火腿起士捲放在盤子裡，上面一層黃焦的乳酪，裡面軟香的萵苣加火腿，有乳酪香及蔬菜的脆嫩每一口都燙燙的，而且很營養。百吃不厭，每次Elly找我去她家吃飯，說今天吃個快速的，我就知道是火腿起士捲Chicon au gratin。

第二個菜啤酒燉牛肉Carbonades Flamandes，是比國著名的菜，Carbonades是指有帶筋牛肉的名稱，要比牛排肉便宜（依我看有點太廋，不像牛腩有筋有肥）Flamandes是比國荷語區統稱，所以這個傳統菜是荷蘭語區名菜（比國分荷語及法語區，兩種截然不同的語言）。食材計有：切成小塊的帶筋牛肉、啤酒、洋蔥、五花肉、牛油等，做法是將洋蔥、五花肉用牛油炒香，加啤酒，取出作料留汁加牛肉燉一小時，放涼再燉二小時，加作料再半小時，味道很好，吃起來因用啤酒不加水，牛肉香軟不油膩，成本也不高，更不用一直翻攪，可做一大鍋，客人多沒問題，配烤馬鈴薯或炸薯條食用。

第三個菜Waterzooi de piossion是海鮮蔬菜鍋，兩三種魚片（大片的）加去殼大蝦，牛油、洋蔥、檸檬、萵苣、白酒、番茄、醋、鹽、黑胡椒，要一份一份分開做，魚片不能破，作料做一鍋，加芡後，魚蝦燙熟放盤，排漂亮，再把作料澆上去，還要保持熱熱的，這菜魚蝦都是燙熟的，因此很嫩，汁是白色濃稠，非常香，Elly和

我要做這個菜請客，常要對方來做幫手，不然一個人請八到十人吃這道菜，會忙不過來，而且魚蝦要新鮮，成本相對要高些。

在比國這長長的四十多年，和Elly做鄰居近十年，因認識她這個百事通，我省了自己去摸索瞭解比國人的生活習慣，吃喝的安排計劃，跟著她也認識很多做比國菜的用材料、做法，超市的那些形狀各異的瓶瓶罐罐，大多數我都認得，加上我會做的中國菜混合在一起，吃飯作菜的選擇性擴張了許多，跟我她也學會做飽子、紅燒雞、涼拌菜，這些菜讓她在她的朋友圈子裡，也常常很出風頭的，這個緣份至今還延續著。

這些年除了學會比利時人吃喝，練出一個不一定非吃中國菜不可的胃，另外一大收穫是因常年和Elly一塊進出，只有講法文，她一句中文都學不會，所以我的法文也能朗朗上口了，我老公常笑我學的是「菜市場法文」。

7. 荷蘭土菜

丘彥明

蔬菜馬鈴薯泥

中年微微發福的荷蘭工人，維修完熱水器，「喝杯咖啡嗎？」我問。他受寵若驚：「如果方便的話，太好了！」

坐在廚房的餐桌前，我笑問：「會做菜嗎？」「當然。」他一點不謙虛。

「有拿手菜嗎？」

「有，蔬菜馬鈴薯泥。」答得毫不猶豫，中氣十足。

　　「你怎麼做蔬菜馬鈴薯泥？」我追根究底，邊心想：荷蘭就是沒上得了檯面的菜，果然典型的傳統荷蘭人，就知道吃馬鈴薯泥。

　　他眉飛色舞娓娓細述：「馬鈴薯用水煮熟，剝去外皮壓成泥。鍋裡放一點黃油燒熱，加入切碎的蔬菜，農夫菜（boerenkool）、菠菜、或大蔥都可，炒熟，倒進馬鈴薯泥拌炒，注入牛奶和鮮奶油，再放濃縮湯塊，溶化後，攪勻所有材料，灑適量鹽，成了。」又多增一句話：「方法很簡單，好吃極了！」

　　問要第二杯咖啡不？謝道：「再喝就到中午了，還有工作呢！」臨別殷殷叮嚀：「記得去超市買雞肉或牛肉濃縮湯塊；吃素的話，買蔬菜熬製的。馬鈴薯泥美味極了，我們家每星期吃好幾次。」

　　晚餐時，敘述故事給丈夫聽，我搖頭笑罵：「拿手菜？竟用超市賣的濃縮湯塊，應該買整隻雞，或新鮮牛肉慢火熬湯來做才好，真是不懂吃的荷蘭老土。」

　　以前的鄰居安老太太，做得一手好蔬菜馬鈴薯泥，食材、製程皆講究。請唐效和我去做客，前菜，先喝蘑菇清湯，熱騰騰的，香爽開胃。主食，每人一盤農夫菜馬鈴薯泥（boerenkool stamppot），上面放一長條煮熟的肉腸，切片搭配著吃；青菜的幽香與馬鈴薯泥的柔滑完美結合，濡軟溫馨，混加肉腸的質感與滋味，美妙極了。農夫菜和馬鈴薯是附近農家買的新鮮貨，所加湯汁是用老母雞以小火燉四小時後得的雞湯。她強調，自己每次做的量很多，因為煮時量多才會夠味好吃；大鍋農夫菜馬鈴薯泥，請客外，拿去讓住老人院的朋友們分享。甜點：她從自家園子採擷酸模的長莖切小段，熬煮至溶解成纖維絲，加糖，製成粉紅色的酸模

醬,澆在淺黃色的香草冰淇淋上,色彩美麗;入口即化,甜中帶微酸,氣味迷人。

我做的蔬菜馬鈴薯泥承傳安老太太的手藝,精選食材,製程考究,自然是美味上品。但,自己畢竟是吃米飯長大的中國人,雖居住歐洲近三十年,還是沒被環境改造以馬鈴薯為主食。剛學會做一流蔬菜馬鈴薯泥的那段日子,經常得意表現,待熱情過去便不曾再做。荷蘭超級市場能買到整盒的蔬菜馬鈴薯泥,價廉方便,放微波爐一熱即可,可惜入不了我的眼,從不採購;不過,想吃還是很容易——去荷蘭餐廳或荷蘭朋友家做客,總能在主食的配菜裡選擇到鮮美、饒有餘香的蔬菜馬鈴薯泥。

荷式三明治與豆湯

住荷蘭,常被詢問:「去荷蘭旅行,能介紹一些荷蘭特色名菜,推薦一流的荷蘭餐館嗎?」

受制於地理環境,荷蘭四分之一土地低於海平面,人民長年與水抗爭,憂患意識強,純樸務實,對於吃要求向來不高但求溫飽;所以荷蘭菜肴皆為家常土菜。

早些年荷蘭根本沒有「荷蘭餐館」,只有昂貴的法國餐館,或是較為平價的義大利餐廳,再加上一些西班牙、希臘、土耳其、印尼、中國餐館。後為招徠觀光客,遊客多的大城市始出現少數「荷蘭餐館」,我曾站在門口閱讀菜單,感覺就是最普通的西餐,乏善

可陳。

　　真想嘗試特色荷蘭菜，午餐時刻進荷蘭咖啡館、小酒館（bistro），點一份荷式三明治（uitsmijter），寒冬時節多加出爐的豆湯（erwtensoep）。

　　荷式三明治，一個大盤子裡平放兩片白麵包或全麥麵包，鋪滿火腿肉片、奶酪片，最上層再擺上三個煎荷包蛋（蛋清凝結，蛋黃仍能流動），灑點鹽，點綴少許芝麻菜、番茄片、歐芹或可生食的小青菜葉。

　　上述是傳統的典型荷式三明治，時至今日，商人頭腦活泛，客人能依個人喜好，單點只有火腿肉片與奶酪片，或火腿肉片加蛋、奶酪片加蛋（蛋數亦可自選）的各種荷式三明治。

荷式三明治

243

一份荷式三明治下肚，扎扎實實，齒頰生香，但真上不了餐廳檔次。

豆湯主要原料為豌豆，濃稠土黃略帶青綠顏色的外觀，無法與碧綠的新鮮豌豆聯想，卻入口溫潤可喜，終至胃暖氣順、混身舒暢。不單荷蘭男女老少都愛，也是我所愛。

荷蘭冬日長且寒冷，傳統中家家戶戶一入冬，身穿長圍裙，足跐木鞋的老祖母便取出大銅鍋，將大袋豌豆泡軟，升起爐火，鍋內

荷蘭老祖母豆湯

食材：

3公升冷水、兩杯（0.5公升）剖開成兩半的乾豌豆、1隻豬腳、1份豬耳朵、1杯切成小方塊的培根、4根粉腸、0.5公斤馬鈴薯、1個芹菜頭、1把綠芹菜葉、2根蔥、2個洋蔥。

作法：

豌豆洗淨浸泡12小時，水中慢煮2小時後，加入豬腳、豬耳朵及培根續煮1小時。馬鈴薯切片傾入，芹菜頭切粒用少許鹽漬過，與切碎的綠芹菜葉、蔥、洋蔥放入鍋中熬至融化，湯汁變成濃稠柔潤（濃稠度以第二日能切成塊狀為標準），再加入切片粉腸煮10分鐘，調節鹹味，即為荷蘭豆湯。

荷蘭老祖母豆湯祕方：份量要多，熬煮時間越久味道越佳！

加入豬耳、豬蹄等食材,拿長木杓不斷攪動,使之熬化成泥,放涼結凍成塊,埋藏於雪地裡;每日敲下一小塊,置鍋中加熱融化,添入切片粉腸,製成化冷暖身的濃湯。

豆湯製作煩瑣,我試製一次後不再自製。荷蘭咖啡店推出的豆湯,物美價廉,份量很足,搭配兩片加培根肉的燕麥麵包片,下肚可頂半日。冬季,出門寒風一刮,躲入咖啡館,享用熱氣騰騰的豆湯,驅寒填饑,是最最幸福的五臟廟冬祭。

荷蘭生鯡魚

荷蘭靠海,荷蘭人卻只吃幾種魚排,太辜負上天付與眾多鮮美海產;但,提及荷蘭生鯡魚(Haring)的吃法,又不得不贊嘆荷蘭人其實很懂魚鮮。

十四世紀,威廉・布寇松(Williiiiem Bueckelszoon)發明特異的鯡魚製作方法,將生鯡魚肉轉化成別具風味、流傳至今的荷蘭生鯡魚。

大西洋兩岸及太平洋北半部,全年幾乎都可捕捉鯡魚。每年五、六月,大量日光促使浮游生物迅速繁殖,豐盛的食物讓鯡魚成長肥美,體內尚未生長魚卵或魚膏,又可急遽增加積累足夠的脂肪含量。這時節的鯡魚漁獲,每尾只要富含百分之十六的脂肪,加上傳統的發酵、加鹽及整理程序,就能冠以「新鮮荷蘭生鯡魚」(Haring Hollandse Nieuwe),或稱「無魚卵及魚膏的大西洋鯡

魚」（maatjesharing）名牌出售了。

　　醃製過程：剖開魚肚，移除魚鰓、魚腸與喉管等讓魚肉變苦的內臟及部位；同時，去掉魚鰓才會很好的放血，魚血不至跑進魚肉；胰臟保留在魚體內，靠其釋放出酶來幫助鹽漬成熟的過程。這種變化大約十日，荷蘭生鯡魚典型的氣味、質地就逐漸成形了。

　　完美無缺的荷蘭生鯡魚，注重保存的溫度，整理過後不能殘留一絲內臟、鱗片與魚刺，外觀銀灰內部肉色青白，意味放血放得好；魚肉的肌里，要咀嚼起來滑嫩，還得結實有彈性；氣味與口感，必須新鮮中攜帶恰到好處的鹹度，和比較成熟的品味。整理好應即吃掉，否則空氣導致魚肉脂肪很快變味，質量就差了。

　　正因生鯡魚吃法有特殊講究，荷蘭人多在市集的魚攤或專門魚店裡食用。魚販熟練的從木桶墨黑色汁水中撈出醃漬好的生鯡魚，以小刀切除魚頭、剝去魚皮、將魚身沿魚脊橫剖成兩半，切去魚肉中分離出來的脊骨，即為可食用的一尾生鯡魚；放置在長方型小盒裡，旁邊擱一大匙洋蔥末，遞交買客。

　　以大拇指與食指拎起魚尾鰭，頭仰四十五度，張大嘴巴，把沾滿洋蔥末的整尾生鯡魚往嘴裡送，是荷蘭人嘗鮮的標準架勢。我亦好這口，如法泡製，每次都非常享受魚肉飽含油脂的鮮嫩滋味，尤其加上細碎洋蔥末，辛辣相激，魚肉更突顯清新的甜香，實為人間難得美味。

　　新鮮荷蘭生鯡魚應可做為餐桌上的一道荷蘭名菜，曾有荷蘭著名的「大嘴鳥」（Van del Valk）汽車旅館，將其放入餐單，但

一個月後悄悄取消了。畢竟鯡魚生食的新鮮要求程度太高，處理麻煩，故在荷蘭各餐廳皆不願列入餐單。

我和荷蘭朋友們站在露天市集的魚攤前，排隊等候剝好的鯡魚仰頭生食，觀光宣傳資料上都能見到這樣吃相的典型鏡頭。旅行荷蘭必定得留下這麼一張「標準照」，否則怎配稱吃貨？怎能算到此一遊?!

8. 荷蘭人愛「派對」

丘彥明

　　阿姆斯特丹國際船節，世界著名的三桅帆船、四五桅帆船、郵輪、貨船、軍艦、潛水艇聚集港灣，壯麗亮相；荷蘭各地的各式遊艇、小船，也紛紛趕來共襄盛舉。首都的運河裡，小船熙來攘往的穿梭，不曾停歇。

　　我站在運河的一座拱橋上俯看水上遊船，依船大小，有的坐五六人，有的坐十多人，舉辦「派對」（party），船上小桌子擺了飲食，大家吃喝歡鬧。

　　我注意每艘船上的食物，不外乎薯片、混合堅果、奶酪塊、香腸片、法國棍子麵包、切片黃瓜、紅葡萄酒、白葡萄酒和啤酒；一

艘船獨異,桌子鋪桌布放一只插滿鮮花的花瓶,食物特別豐美:塗魚子醬、肝醬、酪梨醬、鮭魚醬的小餅乾、各式壽司、各類奶酪、各樣肉腸、各種小三明治,全是大盤盛裝;我還沒看完全,船已穿進橋洞過去了。「吃的這麼好,一定不是荷蘭人。」很自然的對身邊的丈夫說,心中一驚,曾幾何時,自己居然給出荷蘭人吃得不怎麼樣的結論。

周末,我固定與附近城鎮的一批荷蘭藝術家合聘模特兒畫素描。每年夏天休假前最後一次畫後慣例舉辦派對,每人帶一道菜聚餐。十多年下來,除了柯碧熬熱湯、荷妮烤蔬菜派、我帶自製的中國小點心及滷味拼盤,其他人千篇一律攜帶:奶酪、或麵包、或紅白葡萄酒。

周邊的荷蘭朋友似乎總有過不完的派對:自己的生日、祖父母的生日、父母兄弟姐妹的生日、孩子的生日、親友的生日、同事的生日,結婚、結婚紀念日也不比生日少,賣屋、買房、搬遷,生小孩,狂歡節,復活節,國王節,聖尼可拉節,聖誕節,新年,公司每年的同樂會…名目數不完。我認識的人中有幾位家族特別龐大,因早年天主教規定不許打胎,且隔一年沒有懷孕消息,神父便上門來關切「有什麼問題嗎?」兄弟姊妹多達十六、十七八人。這些家庭關係特別緊密,真是有過不完的派對。

舉個例:米歇爾父親家族不算,母親那方親戚,包括十六位親舅舅姨母。因工作必須遷居阿姆斯特丹,眾所周知該城政府租房最難申請,排隊至少十年才有希望,他卻在第三年就獲得了租房。年輕單身小伙子怎麼可能如此容易?他靦腆交待:「我舅媽的爸爸的

烤肉與暢飲的派對

表叔的……，還有堂叔的連襟的……有點小權力。」他位於市中心的小公寓，小客廳一角疊堆好幾排一人高的啤酒箱，全是空瓶子，紅白葡萄酒的空玻璃瓶也裝滿幾個大塑膠袋。廚房流理台上七八個新咖啡機，全是舅舅、姨媽為喬遷之喜送的賀禮，剛舉行過幾場家庭派對。我問：「宴客請吃什麼？」輕鬆回答：「披薩和蛋糕。」那天，唐效與我坐在運河畔的小後院，喝白葡萄酒及吃米歇爾現烤的青花菜藍乳酪餡蔬菜派，還有一杯咖啡兩粒巧克力；僅此而已，

荷蘭人歡慶阿姆斯特丹國際船節

但三人都很開心。

荷蘭人很重視鄰居的關係,除了平常互動多,聖誕節必互贈卡片,不少地方還有定期舉辦鄰居派對的傳統。

我們小村的人對何謂「鄰居」有明確定義,基本上住家前後左右各三戶絕對是「鄰居」,是否再各增一二家,視彼此的自由認證了。一位藝術家老友和我住同一村,隔一條街,距離不過三四十公尺。初進村我把她算做「鄰居」,聖誕前投寄卡片賀節,老太太牽著狗來按門鈴,直言:「彥明,我們是好朋友,但別把我當鄰居看待。我有我的鄰居得花精力交往,妳也得把妳的鄰居關係做好,不要把圈子弄複雜了。」

住進小村不久,斜對門的太太和兒子的女伴聯合舉行派對,

找周圍的女眷聚會。見她慎重其事，我不敢輕忽，備了重禮盛裝前往；發現其他鄰居太太都是家常便裝，主人除了供應熱茶或咖啡、橘子水、蘋果汁與紅白葡萄酒外，點心只有一碟切小方塊的奶酪、一碟加小片火腿肉的黃瓜片、十多顆巧克力糖。我心想，這麼簡陋也叫派對？一批女眷心思不在吃喝，東家長西家短聊得眉飛色舞，下午短短幾小時，我把整個村的陳年舊事與新生事物全弄清楚了。

我們一年一度的鄰居派對，多年以烤肉方式進行，每家每人分攤約十五歐元，聯合採購飲料、沙拉、醃製好的豬羊雞肉、炭火，輪換不同人家的後院舉辦。最有趣的是天色全暗後，吃完烤肉，大夥兒圍坐爐火，觀看木柴燃燒的火光，感受散發出的溫暖；用長竹籤串上四、五個棉花糖，以手拿著伸至火上略烤，送入嘴中，享受火燒後棉花糖在口裡化開的柔軟熱香甜味。大人、小孩皆樂於這道甜食的製作與品味，一下子好像全回到了童年時光。

公司犒勞員工與家屬，為了凝聚向心力，派對小氣不得。有的請專人到公司搭大帳篷、有的去高級旅館的附設餐廳包場、有的租遊船，有的借古堡，有的到專門度假中心，花樣多極了；食物更是豐富，由於人多，大都選擇自助餐形式，湯品、冷盤、熱菜、甜點、水果齊全，還有侍者服務，殷勤傾倒飲料，藝人表演節目；大夥兒大吃大喝，並不細細品味，還樂在酒醉飯飽之餘歡舞盡興。

去年丈夫公司的聖誕派對，全體員工去一家由醫院改建的度假中心，吃住全包玩兩天一夜。晚餐為四道套餐，設施包括遊樂場、迪斯可舞廳、卡拉OK、保齡球、撞球、迷你高爾夫、三溫暖等，全在室內不必擔心寒冷刮風和雨雪。次日傍晚丈夫返家，一雙皮鞋

跳舞跳到裂開了口，我問大家吃得滿意嗎？「吃什麼，誰記得?!一進大門長廊兩邊都是酒吧，二十四小時輪流開店，在那裡全淪陷了！」

認識的荷蘭人裡，海爾曼是熱衷舉辦派對的冠軍。他擁有開派對的好條件，住大農莊，房子大園地大，一百多平方米空間的「業餘活動室」，特別合適開晚會。好幾次丈夫公司的員工與家屬聚會，商借他家進行，他會熱心去租迪斯可舞廳專用的燈光與音響，還興奮的專程去買大桶裝的生啤酒。

今年海爾曼度五十歲生日。五十歲在荷蘭是大事，傳統家門前張燈結彩、懸掛汽球，裝飾與人等大的布偶或充氣人——男稱亞伯拉罕女叫莎拉（Abraham & Sara），身穿生日者平時習慣的衣物。海爾曼熱愛騎摩托車，亞伯拉罕充氣人拉風的穿全套皮衣褲、皮鞋，配戴頭盔、防風墨鏡；身後載著充氣美女，黑色內衣短至僅遮住臀部，外披網狀黑薄紗外套，風情萬種；老婆女兒對此毫不介意，令人莞爾。

海爾曼很早開始籌畫接連兩天的周末生日派對，準備大宴親友，說否則過不了關。丈夫和我榮幸受邀，偏偏不巧有事得趕去比利時無法參加，特別在出門後先繞道他家祝賀並送上禮物。

海爾曼特別領我們參觀他佈置的酒吧台，一眼望去至少二三十種烈酒，包括名貴的白蘭地、威士忌，還有伏特加；堆放的生啤酒桶、紅白葡萄酒的數量，足夠數百人暢飲。接著帶我們到園子裡停放的一個貨櫃箱前，叫我進去瞧。哈！是一排男廁和六間女廁，以及數個洗手池。「男子小便器是用鐵皮水桶改造，有創意吧！」他

得意展示自己的設計；每間女廁的隔板、木門、鎖扣，也是親手裝置。送我們上車他叮唸，請了外燴公司，餐點特別豐富……。

周一海爾曼沒上班，和老婆雙雙醉倒床上，昏睡整日。

克里斯和卡莉的結婚派對，最讓我難忘。他們家的大花園：草坪、花壇邊、水池畔、大樹下，適地的擺放卡莉和她幾位女友的雕塑作品；遮頂陽台，放幾張高腳圓桌，鋪了桌布，放上鮮花與燭台，可以靠站聊天喝飲料；廚房有廚師隨時提供熱騰騰的菜肴（西式與印尼菜），擺在長條餐桌上自由取用；室內各房間開放，曼妙的古典音樂穿梭其間；幾十位親友沉醉於溫馨的藝術氛圍中。

依我親身體會，荷蘭朋友們永遠有數不完的派對，大學生尤其恐怖，經常一個晚上趕兩三場，任何人都能拉上關係前往助興，場合裡大多為陌生面孔也無所謂。派對主要在喝，手中的酒杯永遠是斟滿的，喝什麼牌子沒人講究；吃不重要，沒人太在意，只要有上帝送給人們最好的禮物——奶酪，配酒就足夠。奶酪是荷蘭名產，容易準備；生日派對，加上不可或缺的生日蛋糕，一切完美。

或許正是隨意不講究吃喝，任何人都有財力承受，所以愛熱鬧、有肚量的荷蘭人，一輩子不停的舉行派對、參加派對，痛快狂歡，盡情享受生活！

PART V

聽，刀叉的撞擊

歐亞交界——俄國、捷克、波蘭、土耳其

1. 俄國名湯及其他

白嗣宏

契訶夫的短篇小說《套子裡的人》有一段講到俄國名湯 BORSCH。

BORSCH這個詞，從語言學角度看，由兩部分組成。前一部分是BOR，原意是紅色。後一部分是SCH，在古斯拉夫語中是白菜的意思。至今在東斯拉夫人中有SCHI這種白菜湯。中文翻譯時就是按這些主要特徵譯出的。鮮紅鮮紅的顏色，濃濃的湯，紅湯上漂浮著一朵潔白的優酪乳油，配上方方正正的小小的白麵蒸饅頭，或者油炸小饅頭。小說的女主人公說：「他們做紅菜湯，加上紅紅的番茄和紫色的茄子，'好吃極啦，好吃極啦，簡直好吃死人啦！'」

俄國著名電影藝術大師愛森斯坦的傑作《戰艦波將金號》的故事就是從紅菜湯發端的。艦上用臭肉做紅菜湯給水兵們吃，引發水兵們暴動。水兵們把駐艦軍醫官扔進大海，並禁止搶救他。

紅菜湯最早出現在古代東斯拉夫人聚居在地方，即基輔羅斯。十四至十五世紀就了出現了。後來在各地都有所發展，各具特色。俄國一些著名歷史人物都喜歡這道湯。葉卡傑琳娜女皇就特別喜愛。

民間還有一些關於紅菜湯的傳奇。傳說古代土耳其人佔據以BORSCH命名的城市，聽說紅菜湯是當地名菜，要求品嘗。一位本地婦女同意做。土耳其侵略者的頭目吃了以後不滿意，大罵婦女。當地人做紅菜湯用的是豬肉，土耳其人信伊斯蘭教，不吃豬肉。婦女是按常規做的。婦女被罵個狗血噴頭，大怒不止，忍不住起來反抗，用鐵湯瓢狠敲他的腦袋，然後把他的頭摁進湯鍋裡。

紅菜湯在中國有個俗名「羅宋湯」，是上海人的發明。與道地的紅菜湯相距甚遠。前面提到的小說女主人公來自烏克蘭，她家的紅菜湯裡放茄子。俄羅斯的紅菜湯裡不放茄子。紅菜湯是東斯拉夫各民族共有的美食，但各有不同。烏克蘭紅菜湯少不了當地特色食物：醃肥豬肉。俄國紅菜湯則不放。烏克蘭紅菜湯常佐以油煎小饅頭，俄國紅菜湯則配以蒸饅頭。紅菜是俗稱，因色彩豔紅而得名。學名是根甜菜，甜菜的變種。根甜菜的肉質富含糖分和礦物質，肉質脆嫩，略帶甜味，而且有鮮豔的顏色，是色、味俱佳的蔬菜。中國人喜歡把任何食物同保健聯在一起。那麼，根甜菜則也是好東西，有解毒保肝作用。還有諸如：殺菌、促進消化、降血壓降血脂、防癌抗癌、延緩衰老、補鈣、增強抵抗力、降糖降脂、明目、

利膈寬腸、鎮靜安神、養血補虛、緩解皮膚之疾、減緩色斑、防止血栓的發生、健胃消食。

美食家要想做一盆色香味俱全的地道的紅菜湯，不妨採用如下配方和烹飪方法。

大家都知道俄國的紅菜湯，殊不知俄國還有綠菜湯呢。我有一次非常值得懷念的品嘗綠菜湯的往事。

那是1987年夏，中蘇之間的關係處於十分微妙時刻，正是春寒乍暖階段。戈巴契夫正在推行新思維路線。改善同中國的關係也是他在內部加緊研究的問題。中國的改革開放也正在大步伐進行中。中蘇兩國開始互派代表團，特別是文化藝術方面的創作人員交流。

1986年，蘇聯作家協會邀請中國作家協會派出代表團，參加次年舉行的國際蘇聯文學翻譯家大會。筆者有幸參加。我當時重要的工作之一是介紹現代蘇聯戲劇。參加大會的發言就是《蘇聯當代戲劇文學在中國舞臺上》（俄文）。這篇論文於1988年發表在蘇聯權威的《戲劇》月刊上。會上，蘇聯著名劇作大師羅佐夫（1957年獲金棕櫚獎的影片《雁南飛》的編劇）特別找到我，說是北京舞蹈學院的朱立人教授告訴他，我要來參加大會。他邀請我到蘇聯作家協會的餐廳作家之家共進午餐。作家之家是莫斯科文藝界精英聚會的地方。從高爾基到法捷耶夫，從葉夫圖申科到西蒙諾夫，都是常客。有趣的是，傳說這家餐廳所在的大院曾是《戰爭與和平》裡娜塔莎把受傷的俄國官兵引入家中安排療傷的地方。就坐以後，羅佐夫說，現在是夏天，我們來嘗嘗這裡的一道名菜——綠菜湯吧。

綠菜湯出現在餐桌上，勾起了思緒萬千。我彷彿回到了大學時

紅菜湯

食材：

（以三公升水為例）

　　帶骨牛肉700-800克，新鮮圓白菜300克，馬鈴薯200-300克，根甜菜（紅菜頭）100-150克，胡蘿蔔75-100克，洋蔥75-100克，番茄醬1湯匙或者1顆番茄，植物油少許（煎炒蔬菜用），蒜頭2瓣，調味品：鹽、黑胡椒粉、桂樹葉、蒔蘿、歐芹、羅勒。

做法：

1. 先煮好高湯。將帶骨牛肉放入水中，加少許鹽，大火煮開後，去沫，用小火煲約1小時。肉能輕易從骨頭上剔下即可。做紅菜湯要用小火以免蔬菜煮碎。

2. 煲湯時，處理蔬菜，切好待用。

3. 湯中肉熟後，取出，撕成小塊。

4. 把撕好的肉塊重新放入湯內，不斷撇去沫子。

5. 湯再次開後，放入白菜。

6. 湯開後放入切成丁的馬鈴薯。加鹽和胡椒粉。其他蔬菜均在每次湯開後放入。

7. 紅菜頭切成絲，入油鍋，小火翻炒，約10分鐘。在從火上取下之前2-3分鐘，淋檸檬汁，或者醋，入番茄醬翻炒，約1分鐘。紅菜頭出鍋備用。

8. 將紅菜頭入湯。

9. 洋蔥頭切成小方塊，胡蘿蔔切成細絲，放入油鍋煸一下，略掛金黃色即關火取下。不要煸過頭了。湯開以後將其放入鍋內。蒜頭切成小丁，放入湯內。蒜頭一定要最後入鍋。蒜頭起引味的作用。

10. 最後將生蒔蘿、歐芹、羅勒切碎入鍋，5分鐘後關火，紅菜湯做好，放2-30分鐘後即可上桌。隔夜的紅菜湯別有一番風味。

代。俄國有句俗語：「年輕——綠色的」，意思是「少不更事」，或者「半青不黃」。三十一年前我們一批公費留學生，都是十八九歲，求知慾極強，但什麼都不懂，從沒穿過西服，連穿西服的規矩也不熟悉。1956年8月的一天，留蘇學生專列抵達莫斯科，湊巧下雨，大家身穿深色新西服，腳上卻是白色運動鞋，一付老鄉的樣子。老外目光裡流露出來的是訝異。到車站迎新的是在莫斯科的學長們。他們叫我們快回去換上皮鞋。這是留學生活的第一課，此後

綠菜湯

主要成分：

　　俄國的克瓦斯（用麵包發酵而出來的一種酸而略甜的飲料）、燉熟的牛肉、煮蛋黃、各種綠色蔬菜。做法也別致：先把牛肉燉熟，切成小肉丁，俄式紅腸也切成小丁，放進冰箱待用。然後把綠色蔬菜，如小綠蔥、黃瓜、香芹、蒔蘿切碎，把葷素兩部分攪拌，放入冰箱冷藏待用。

食用方法：

　　一種是把克瓦斯澆進上述準備好的材料，加到菜湯的稀稠程度，再分別盛進湯盤裡。另一種是把上述材料放進湯盤，各人再根據愛好加放克瓦斯，冰塊，優酪乳油，切成兩半的煮雞蛋。一盤湯的內容如下：克瓦斯300克，蛋黃一個，食糖5克，鹽按口味，鮮黃瓜60克，小綠蔥30克，小蘿蔔20克，牛肉40克，小牛肉30克，午餐肉30克，或者只放牛肉，那就需80克。

一生就注意穿鞋的事。

綠菜湯第一個特點是綠色的。第二個特點是冷湯。

我們一邊品嘗綠菜湯，一邊交流兩國的戲劇藝術。沁人心脾的綠菜湯，在炎熱的夏天，或是不可缺的一道菜湯。

俄國魚湯也是一道名菜。它體現出俄羅斯民族性格的樸實淳厚的一面。上個世紀九十年代，我常有機會去俄國遠東的堪察加半島。一個金色秋天，我到了堪察加半島的首府彼得羅巴甫洛夫斯克市，拜訪一家著名的海產公司。承蒙主人好客，盛情邀請品嘗當地名菜鮮魚湯。秋季是鮭魚回游產卵時期。大量鮭魚順著當地入海的大小河流回游到上游地區。當地居民就趁這個機會下河捉魚。我們常見的紅魚子就是從這些鮭魚或者馬哈魚肚子裡取出來的。如果不及時取出來，魚子就會順著河流入海，而鮭魚則在排出魚子之後死在上游。居民就必需搶這個時間捉魚，取出魚子之後，再把鮭魚做成美味的熏魚。

主人說，我們去河邊現場捉魚，然後就地做鮮魚湯。越野車開出城區一個多小時，到了一條清澈見底水流潺潺時而激起浪花的河流岸邊。只見河裡一群群魚兒結伴游向上游。主人們用魚柵網下河捉魚，一網下去，五條八十釐米左右的鮭魚撈上水來。主人們用附近找到的長樹枝搭起一個架子，把隨身帶來的鐵鍋吊在上面，把清涼的河水注入鍋中。然後點燃鍋下的乾樹枝，鍋裡放進圓蔥，馬鈴薯，桂葉，少許黑胡椒子，燒起來哉。接著把捉來的魚處理乾淨，剁成幾大塊，水煮沸後把這些魚塊放進鍋裡，只加了鹽，沒加其他任何調味品，燉了個把小時，魚肉脫離魚骨魚刺，一鍋沸騰的鮮美

上：俄國綠菜湯
下：俄國魚湯

魚湯就做好了。俄式魚湯的特點是本色本味,只有香蔥、蒔蘿和歐芹的清香。主人之一是啤酒廠的老闆,來時特地從啤酒廠裝了兩木桶未過濾的生啤,香氣撲鼻。而俄國黑麵包的不可言傳的口香,更是令人難忘。大家席地坐在河岸的草地上,聽著流水的歡樂歌聲,看著躍出河面的活魚,手捧盛滿鮮魚湯的鋁盆,手持大木勺,大啖起來。最後吃得喝得個個肚子圓圓醉眼矇矓,不亦樂乎。如今回憶起來,餘香在口。

俄國還有一道名湯,罐燜餃子湯。餃子在俄國相當流行,人人愛吃。只不過俄國餃子同中國的餃子有很大區別。據俄國人說,俄國餃子是當年蒙古人傳入的。俄國餃子的特色之一是,常常用混合肉餡,即牛肉和豬肉,因為牛肉太幹,油少,加上豬肉,肉餡就變得鬆軟,吃口也好。餡中只加圓蔥,少量胡椒粉,不加蔬菜。西伯利亞的餃子包好以後,如果在冬天,常常放到雪地裡凍著,吃時從雪地裡取出來放入沸水煮。餃子湯做時十分考究。除選用上等新鮮肉餡包成小個餃子外,還要用雞湯來煨。做法是,取一個單人份的小陶罐,倒入雞湯,放入半熟的餃子十隻,加入切成小丁的胡蘿蔔,桂葉,圓蔥,用包餃子的麵團擀成小圓餅,封住陶罐的口,放入烤箱(農村是放入爐灶),加火,待面餅烤成金黃色,立即出爐。打開「面蓋」,加上優酪乳油,香噴噴的「面蓋」代替麵包,確是別有風味。

俄國有許多奇奇怪怪的湯,如,用牛奶為湯底加蔬菜的湯,用各種水果做的湯,各有風味。俄國特色湯也是品嘗俄國大餐必有的內容。

2015/10/10

2. 捷克麵包湯——生命的源泉

李永華

　　有人說，人類的所有文化都來自最初的圖騰崇拜。它如今仍然潛在於我們日常生活中邊邊角角的各個角落。雖然對這個說法我沒有考據過，但心裡是認同的。

　　就我們日常生活常見的食品來說，便處處隱含著原始圖騰的印記。

　　在歐洲、美洲，各種裸體雕塑早已司空見慣；在印度，至今還有著古老的性器官圖騰崇拜活動；即便在講禮教的中國、有古老的丹霞山地貌中的那兩張流傳極廣的巨大陽具形的石山和同樣巨大的陰戶型的石窟，在臺灣阿里山，有木刻的超過兩米的陽具作為景觀

陳設。

而寫真式的性器官複製，我只在捷克的餐桌上見過。

那是一種比HLEBA（捷克語——黑麵包）小，比KNETLIK（捷克語——小個圓形麵包）大的一種講究用原麥粉烤制的中型圓麵包，那樣子至少超過D罩杯吧。通常的麵包店裡也有這種麵包的，只是它上面多出了一個比例逼真、不能不讓人引起聯想的葡萄狀的「紐」。

才開始，我覺得做這種匪夷所思的設計有點「不怎麼樣」。進一步瞭解才知道，那是一道湯，叫做麵包湯，是把麵包頂部的四分之一小心完整切下來，掏空裡面的瓤，剩下一層厚厚的皮，然後把湯放進去，把「蓋子」蓋上算製作完成。麵包上的那個葡萄狀的「紐」原來是為了給蓋子加一個「把手」方便食用者開啟蓋子而巧妙又形象化地設計上去的。給那紐賦予了不可否認的實用價值。於是服務生端著它們走來時，遠遠看去真像一隻只碩大滾圓的乳房。

說起來，乳房圖騰崇拜也是全世界的都各地都有的共同遺存。中國的饅頭、包子，歐洲的圓形麵包，美洲的三明治……人們呱呱墜地後第一個需要的、也是最初延續生命的，便是母親的乳房。它是每一個人與本能相關又在本能之外的第一個知識，也是我們學習以後所有智慧的開始。從此我們結束了只靠本能生存的生活，開始與外界互動、學習。

自然，除了雌性的性器官崇拜也有雄性的。小牛角麵包，臼與杵，扣眼與紐扣以及世界各地都有的香腸……似乎都暗暗蘊含著人類古老的性器官圖騰所指向的人類生命本源的印記。

人們第一次打開乳房麵包湯蓋子的時候，初次捏住那帶有溫度的蓋紐，男人女人都有點怪怪的，有的甚至不由得有些手抖。隨即便會一邊把玩一邊開心地笑起來。畢竟，被人們在公開場合回避的性幾乎是每個人的必修課，人們內心裡都會有各種各樣的好奇，只是礙于公眾道德的標準，嘴上回避罷了。當大家作為群體行為共同面對同樣的乳房麵包時，如同舊時大家進了公共澡堂，眾人一起脫光也就沒有了比較帶來的尷尬，也就「從眾」適應了。

乳房麵包裡的湯是濃湯，可以分為許多種。最常見的是來自匈牙利的GULAS（捷克文發音——古拉什）湯，其中又可以分為牛肉的和其他肉的，以牛肉的最為正宗。另一種常見的叫做TRZKOVA（捷克文發音——德爾什高瓦）湯，是用牛百葉（牛肚）切成寸半長三分寬的條，再加香草葉等多種佐料小火長時間熬制，最後加些炒麵做成的淺醬紅色，是獨具捷克特色、味道十分誘人的一品湯菜，應是大多數中國人可以接受的一道湯。需要注意的是，麵包湯的味道鹹味都有些偏重，要一邊吃麵包一邊喝才行。

麵包湯的體量比較大，一般講究注意身材的女子怕是湯未喝完就已經飽了。所以，最好當作兩個人共同的湯和主食來計算食量，不然就會造成浪費。

一次帶朋友出差遇見了不帶麵包的TRZKOVA湯，吃得上癮，他連加兩碗，連主食都沒吃。臨走前又倒掉手裡水杯裡的水，灌滿了濃湯帶走，說是給沒來的幾個人嘗嘗。

一個捷克老者過來笑著說這個湯的名字就叫「堅持」，除了它在牛身上工作最多最頻繁，還有它不容易爛，要持續慢火才能熟

別出心裁的捷克TRZKOVA麵包湯

爛，所以，你要當心不好消化。

　　朋友沒有把我翻譯的話當回事。沒吃主食的他路上餓了，就慢慢把一瓶子TRZKOVA都喝了。第二天，見他面色憔悴正要問，朋友苦笑著說，那老頭真說准了，夜裡起來了三次，「堅持」在廁所裡出都出不來……

　　有次請朋友夫婦吃飯，到了約會時間只有夫人來，朋友臨時有事晚一會兒到。這樣原來準備大家一起開玩笑定的乳房麵包TRZKOVA湯就成了一個「雷」。於是叫來侍者點酒水時囑咐他把湯退了。不知這廝是想多賺幾個錢故意沒退還是壓根兒忘了。二人正喝著啤酒時，服務生竟端了來一對碩大的乳房！見朋友妻子驚訝尷尬的樣子，只好慢慢解釋事情的來龍去脈。儘管很快解除了誤會，當她捏住麵包湯的蓋紐要打開蓋子的時候，手還是禁不住微微

顫抖。這讓本來挺隨便的聚餐變得十分尷尬。為了不引起誤會，朋友的妻子略略嘗過那TRZKOVA後，便趕快叫侍者把兩份湯都撤走了。

在侍者轉身離去的瞬間，女人眼睛亮亮地紅著臉嘻嘻羞笑。那情形好像一個小姑娘背著父母弄了一個小小的惡作劇，因為已經了節，不會被大人發現而獲得的反叛式輕鬆與歡愉。

或許我們的內心中先天對性沒有那麼憎惡，是我們後天的文化異化改造了我們本來的判斷標準。讓我們穿上了又厚又重的文化道德外衣。顯然，早先人們沒有把性看得重於繁殖，他們更注重生命的延續而非性本身的快樂，抑或是把它們看做一體的。是我們如今用後天的追求快樂的標準在我們的意識裡把性和繁殖割裂開來並把性的快樂放在了繁殖責任之上。

捷克這道乳房麵包湯所表達的本能與文化的衝突，只有閒著沒事鼓搗哲學的人才有興趣。常人乍見了，或許會心中一動，隨即便會被它濃烈的滋味和形狀的搞笑而帶來的調笑淹沒了。而我們生命的源泉就在這笑聲中泛開漣漪。

3. 食在波蘭

高關中

夏末秋初正是出遊的好時光,歐洲華人華僑退休者協會,去年組織了一次到小城巴特弗賴恩瓦爾德(Bad Freienwalde)的遊樂活動。

據說,小城距德波邊界奧得河只有十一公里,一路田園,牧場,森林,小湖,看不完的好景致。還有在那個星期天,我們可以參觀和體驗當地的國際性烘烤麵包節。這是別開生面的一個節日,附近村頭麵包房旁邊的草地上搭起一頂頂帳篷,一個個攤位上用傳統的柴火烤麵包,做蛋糕。剛出爐的食物,香味四溢,誘人垂涎。而這些麵包師們是來自附近各地、特別是來自波蘭的,一年一度在

此大顯身手。

我曾經去波蘭旅行很多地方,南到古都克拉科夫,北到港城格但斯克,東到盧布林,西到奧得河邊,更不用說首都華沙了。然而,我卻被那傳統的柴火烤麵包和那德波邊界奧得河美麗風景,深深吸引了,我決定和妻子報名參加這個活動,借此重溫多年前的味蕾之旅。

其實,波蘭的民族菜肴有悠久的歷史,最早可以上溯到中古時期,雖然起初只是簡單的飲食與料理方式,但是多年來經過義大利、法國及俄國的影響,已經越來越精緻,現在典型的餐點已融合了波蘭與外國烹飪傳統的特點。波蘭人的飲食習慣向來極富多樣性,經常擷長補短,多所創新,形成獨樹一格的特色。

一般而言,麵包和馬鈴薯是主食,麵包品種很多。波蘭的菜式相當豐富,同時熱量也相當高,脂肪量不少。波蘭菜主要以豬肉、牛肉、雞、鴨、魚蛋為原料,一般不吃運動內臟(肝除外)。喜歡用奶油做蛋糕、餅食等。酒量較大、飯前常飲烈性酒,飯後飲甜酒。

波蘭人愛吃水果,常飲咖啡、牛奶、紅茶、啤酒、蜜酒、萄葡酒等。相比之下,蔬菜種類不如中國豐富。

波蘭人花相當長的時間去享受一頓飯,典型的正餐菜單至少有三道菜:先上湯、再上主菜,最後是一道甜點。在餐廳用餐的話,有時在主菜前上一道開胃小菜,如鮭魚或鯡魚,用乳酪、油或醋調味。

波蘭典型的湯是甜菜湯(barszcz)。在炎熱的夏天,人們喜歡享用冰甜菜湯(chlodnik),那是用優酪乳油和新鮮蔬菜製成的凍

湯。此外甜裸麥濃湯（żurek）也很有名。

在我的記憶中，最能代表波蘭風味的名菜是酸白菜燴肉（bigos），號稱國菜，這是一道泡白菜加肉類的飯食，早期均以此法來烹煮新鮮的獵物，今天則多以牛肉或豬肉為主。波蘭大詩人密茨凱維奇曾經寫道：「要以上好的白菜為底，切成長條狀，酸得彷彿入口即溶，底下則是最美味的肉塊，廚房小廝再加以烹煮一番，加熱後水分蒸發出來，酸白菜燴肉便滿溢鍋子邊緣，香味撲鼻！」。

波蘭名菜還有：灑麵包粉的煎豬排（kotlet），燕麥牛肉片（zrazy）、牛肉丸（kokduni）、燒鴨（kaczka，鴨肚內填充蘋果）、燒鵝（geś pieczona）、鯉魚（karp）、野豬肉（dzik）和燒鹿肉（sarnina）等。

在餐後，波蘭人喜歡吃一客霜淇淋或者享用一下各式的蛋糕。

如果說捷克的大眾酒類是啤酒的話，那麼波蘭的就是伏特加（Wódka）了。一說伏特加，人們就會提起俄羅斯，但俄羅斯的伏特加卻比不上波蘭的。在波蘭，高級伏特加是慶祝活動和集會不可缺少的重要酒類。伏特加的原料是馬鈴薯、大麥、小麥等穀物，把這些穀類發酵後進行蒸餾。經過多次蒸餾，就能得到度數很高的酒。一般在四十度以上。伏特加有甜的和不甜的，有純酒和果味酒之分。

到了那天，大家浩浩蕩蕩地到了柏林東北方五十多公里的小城巴特弗賴恩瓦爾德。第二天，大家便乘車出遊。不一會兒，就來到了奧得河背河邊。河面寬約三四百米，對面就是波蘭，房屋、街道、田地、樹林，歷歷在目，一座鐵橋把兩岸連在一起。

　　奧得河背負著沉重的歷史。它本是德國的內河，希特勒1939年9月1日挑起戰爭，進攻波蘭，第二次世界大戰正式爆發。結果德國一敗塗地。戰後，歐洲版圖重新劃分，原波蘭東部被割給蘇聯，西部則從德國人手裡取得十萬平方公里土地作為補償。面對崛起的蘇聯，波蘭這個國家向西「移動」了兩百公里，就這樣奧得河成為德波界河。兩次世界大戰都戰敗的德國人痛定思痛，走上了和平發展的道路。2004年波蘭加入歐盟。如今奧得河已成為一條和平邊界。橋上沒有軍警海關，兩國人民隨意來往。我們過了橋，在橋頭合影留念。

　　過了河就進入了波蘭境內，驅車繼續前行二十七公里，到了一座小城，叫霍伊納（Chojna），建築風格是德國式的，十五世紀的哥特式老城門，一百點七米高的磚砌瑪麗教堂，還有古色古香的老市政廳，與北德小城無異。其實並不奇怪，七十年前就是德國城市嘛！遊客也大多是德國人。我向廣場上拍照的一位德國遊客請教，這座小城德語叫什麼？這位白髮蒼蒼的老者告訴我，原名Königsberg（意為國王山）。我驚訝，這地名好熟。他解釋說，德國原有三個Königsberg，一個在東普魯士，二戰後被蘇聯佔領，改名加里寧格勒；一個今天屬波蘭，就是現在遊覽的霍伊納；還有一個在德國南部拜恩州。我問，兩個Königsberg丟掉了，不可惜嗎？他說，這都是歷史了，我們今天要的是和平。

　　市政廳廣場上，正好舉行老爺車遊行，不少來自德國的「百歲老車」也趕來參加，一片祥和熱鬧的氣氛，這就是今日的德波關係。為了增加老爺車節日的盛況氣氛，負責節日宣傳的年輕漂亮的

德國小姐贈送給我們每位成員一頂名牌車輪胎的高檔旅遊帽。這帽子，立時讓我們的會員年輕了二十歲。這帽子也把採訪老爺車的電視臺記者吸引過來，讓我們著實為老爺車做了回啦啦隊，記者為我們全體啦啦隊錄了像。

　　中午當然要在波蘭吃一頓大餐了。記得那天吃的是豬肘子，端上來一看，分量真不小，完完整整的一個肘子，帶骨頭差不多有一斤，這個豬肘子是燒烤而成的，外皮金黃色，外酥裡嫩。粉紅色的肉並不肥膩，而是一絲一絲的，可好吃啦！配馬鈴薯和酸菜。

　　類似的豬肘子，德國北部一帶也有，是煮熟的，而波蘭這家餐館，是燒烤的，吃起來更帶勁。我們大口吃肉，大口喝酒，真是大快朵頤。我不善飲酒，沒敢要度數高的伏爾加，要的是啤酒，當地人叫啤酒為piwo。其實波蘭人喝啤酒也很普遍，最著名的啤酒廠牌為濟維茨（Zywiec）、奧科辛（Okocim）與沃爾卡（Warka），餐廳裡當然也賣德國和捷克的啤酒。朋友們在一起吃飯高興，兩瓶啤酒下肚，喝得頭都有點兒暈忽忽，幸好有人開車，我們酒飽飯足而歸。

4. 味蕾上的土耳其香草

高麗娟

　　在歐洲旅遊時，會發現街上土耳其餐館出現的頻率相當高，主要供應的無非是牛羊肉或者雞肉串成一大串，竪著用炭火旋轉烤著，由廚師操著銳利的長刀，將烤熟的肉一片片割下來，然後放在麵包或者薄麵皮裡夾著生菜、洋蔥製成的旋轉烤肉（döner kebap），這種在臺灣被稱為沙威瑪的土耳其烤肉喫法，堪稱是土耳其速食，是土耳其人百吃不膩的外食。然而真正的土耳其家常菜、節日菜，都是挺花功夫的菜餚。土耳其共和國的前身奧斯曼帝國，是橫跨歐亞非三大洲的帝國，皇家菜餚融合三大洲名菜，到後來流入民間，在各地形成獨具特色的風味菜，讓土耳其菜與中國

菜、法國菜名列世界三大名菜。

土耳其菜也被稱為東方的法國料理，足見宴客的講究。宴客時，會先上各種開胃前菜（meze），這些小菜本身就是土耳其菜的精緻表現，常常讓人喫完小菜已經飽了，只是這些都是涼菜，之後還是來碗熱湯，暖暖胃才好吃主食。一般家里喫飯時，小菜就不講究了，常作一大盤時鮮蔬菜沙拉，冬天則是腌漬泡菜，然後也是上一碗熱湯，接著一道或者兩三道費功夫的主食，最後是道甜點，配紅茶或者咖啡。至於鄉下人家，有時全家一大鍋湯，或者一大鍋菜，就著烤得香香的麵包吃，也是一餐。

一如中國菜離不開醬油醬料，土耳其菜的主要調味料是番茄醬，不是一般甜甜的番茄醬，而是純的番茄醬，幾乎每道土耳其菜都會放一兩匙番茄醬提味增色。土耳其人不覺得番茄醬已經夠酸了，常常在菜上還會澆點蒜泥酸奶醬，覺得才夠味。我則常常澆的是自己調製的蒜泥辣醬，給菜添點家鄉味。

土耳其南臨地中海西瀕愛琴海，因此各種地中海氣候適合生產的香草如百里香、迷迭香、薄荷、蒔蘿、羅勒等在土耳其也被用入菜餚中。至於盛產橄欖樹的愛琴海地區，也是土耳其橄欖油產地，從希臘人學來的各種愛琴海橄欖油風味菜，也成為土耳其菜的主幹之一。

愛琴海的橄欖油加各種地中海的香草調製成的料理，在土耳其是開胃前菜的主體。

香草蒔蘿（dere otu），原生地在亞洲，今天上耳其各地都有種植，氣味濃烈，蒔蘿富含磷、銅、鎂、鉀、鈣、鐵、鋅、維生素A和C，具有比維生素E還強的抗氧化功效，還有助於消除口腔異

味，消除胃脹，也可增加母奶，一把蒔蘿可滿足一個成年人百分之四十的維他命C需求，百分之四十三的維他命A需求。豐富的鈣質也使蒔蘿成為防骨質疏鬆的天然食材。蒔蘿還具有天然胰島素的美稱，具有平衡胰島素分泌的作用。

蒔蘿的另一個特點是，消除過度的氣脹，氣脹會導致胸痛胃脹，對其他器官造成壓迫，蒔蘿可幫助排氣，制止打呃，可治療消化不良。蒔蘿所含的精油成分，還可以強化免疫系統，有助于抗菌與防真菌感染，也就是一種抗炎植物，有助於防癌、排毒與排泄系統的運作。蒔蘿種子具有茴香與芹菜的味道，適合泡茶，具有安撫神經鎮定作用，有助入睡。

斯堪的納維亞的菜餚中，蒔蘿多用於雞肉調味和腌製鮭魚，調製冷湯，或者和酸奶混合成調味醬使用，在生菜沙拉中也可以加入生食。土耳其人則喜歡和原味酸奶拌成沾醬，塗麵包吃，或者澆在菜餚上。相配的蔬菜有櫛瓜（Sakız Kabağı，也稱西葫蘆、翠玉瓜）、朝鮮薊、蠶豆莢。

在土耳其用橄欖油燉煮的洋蔥番茄西葫蘆中，最後加入切碎的蒔蘿，味道最為鮮美。這道菜的做法是洋蔥一顆剁碎，四根西葫蘆切塊，兩個番茄去皮切丁，半把蒔蘿切碎備用，將三匙橄欖油放入鍋中，加入洋蔥西葫蘆和番茄略炒後，蓋上鍋蓋，用小火燉煮約十五分鐘，加入一匙番茄醬和蒔蘿，繼續煮五分鐘左右，即可熄火燜著，涼了就可食用。

土耳其人習慣在吃的時候澆上原味酸奶，夏天是一道開胃的涼菜。主材料西葫蘆可以改換朝鮮薊或者蠶豆莢。

西葫蘆餅（kabak mücver）

材料：

　　三個西葫蘆、五六根綠蔥、三個雞蛋、一把蒔蘿、兩杯麵粉、四分之一杯橄欖油、一包發酵粉、鹽巴和胡椒粉酌量，喜歡的人可加一百公克白奶酪。

做法：

　　將西葫蘆洗淨不必削皮，搓絲，放入容器內，然後將剁碎的綠蔥、蒔蘿、雞蛋、麵粉、發酵粉、鹽巴和胡椒粉等都混合成粘稠狀，橄欖油倒入平底鍋里，用湯匙挖一匙匙的煎，或者在烤盤里塗抹一層油後，將橄欖油倒入混合物中攪拌後倒入烤盤，烤箱用200度烤30分鐘。

　　羅勒在土耳其有兩種，一種稱為fesleğen，是和歐洲同種的甜羅勒，另一種稱為reyhan otu，也就是紫羅勒。原產南亞的羅勒，五千年前，印度人就開始培育，英語單詞羅勒basil，來自希臘語，意指「國王」，據說是在君士坦丁大帝和聖海倫納發現神聖的十字架地點的上方長出來的。牛津英語字典引述，推測羅勒可能被放于一些王室的藥膏中、用作沐浴或者作為藥材來使用。很多烹調食譜作者仍然認為羅勒是「藥草的國王」。對於想念臺灣九層塔的我來說，土耳其羅勒則可以彌補對家鄉味的思念。

　　臺灣九層塔這名稱的由來，主要因它的花序重重疊疊如塔狀的外觀而得名，「九」是形容很多的意思。另一解釋是因為九層塔開花時，花會以三個花頭長在莖上為一層，約共長出九層，所以稱作九層塔。近來有一說法是古時有位皇帝在巡視瘟疫之地時，碰上大洪水，被迫逃上一座九層塔，並且摘取生長於塔上的植物食用，因此得名，然而這個說法比較沒有根據，就姑妄聽之。

　　羅勒在土耳其菜中，最常見的用法，就是意大利菜中最常見的羅勒醬，用羅勒葉片加大蒜打成泥狀和橄欖油混合而成，搭配肉食，令人食欲大增。而羅勒醬要澆在麵條上吃的話，就得再加幾粒烤過的松子和帕馬森乾酪到羅勒醬里打碎，也就是所謂的青醬。

　　羅勒因為氣味久煮會散掉，因此一般是在即將起鍋時撒入菜中。土耳其人最常吃的一道羅勒家常菜是乾酪肉團澆羅勒番茄醬。

乾酪肉團澆羅勒番茄醬

材料：

　　350公克的絞肉、一顆雞蛋、一個洋蔥、150公克黃乾酪（kaşar peyniri，也就是切達乾酪）、一小撮洋香菜（maydanoz）、半杯乾麵包粉、鹽巴和胡椒粉。醬料材料是三個番茄、一把羅勒、三瓣大蒜、三匙橄欖油、少許鹽巴。

做法：

　　把洋蔥、洋香菜、黃乾酪剁碎後加入絞肉中，和雞蛋、乾麵包粉、鹽巴、胡椒粉混合，再揉成一個個巴掌大的肉團，然後起油鍋將肉團炸到金黃撈起置盤中。接著準備醬料，將番茄去皮剁碎，羅勒切碎，大蒜搗成泥，將三匙橄欖油放入鍋中，加入番茄、大蒜翻炒到茄紅素煮出來之後，加入切碎的羅勒和鹽巴，立刻熄火。將醬料趁熱澆在肉團上，就是一道色香味俱全的土耳其肉團了。

5. 葡萄葉飄香

高麗娟

　　有一年到瑞士巴塞爾訪友，出了機場，正在遲疑怎麼買票搭電車到市區的火車站時，忽然看到走過身邊的兩名女子很像土耳其人，就憑著對自己眼光的信心，斗膽用土語問道：「請問你們是土耳其人嗎？」對方非常驚訝一個東方女子竟然跟她們說土耳其語，立刻熱情地用土語教我怎麼買票怎麼搭車。後來才知道許多土耳其人住在法國南部，每天通勤到巴塞爾工作。甚至朋友的鄰居也是土耳其人。我本以為在德國土耳其人多是正常的，因為二次大戰後土耳其工人被戰後百廢待興的德國敲鑼打鼓地迎接去協助建設，哪知道現在連瑞士都有許多土耳其人和土耳其餐廳。

僑居瑞士的朋友說拜土耳其鄰居之賜，吃過土耳其的葡萄葉卷，覺得意外好吃，葡萄葉的清香中和了油膩。後來吃完還想到，法國有個保養品，號稱取自葡萄精華，可以防自由基，想一想土耳其料裡的葡萄葉對身體應該也有益，這話沒錯，葡萄葉不僅清香而且富含維生素C、E、K和維生素B6、鐵、核黃素、葉酸、鈣、鎂、銅、錳，且具纖維，有助消化。還可治療腹瀉、子宮出血和白帶過多。

　　土耳其所在的小亞細亞自古是葡萄與葡萄酒的產地，每到初夏，巴掌大的葡萄葉上市，市場裡有一箱箱的葡萄葉出售，勤奮的土耳其婦女，還有我這個土耳其化的臺灣媳婦，就會買上幾公斤，沖洗一番後，煮鍋熱水，將大把大把的鮮綠葡萄葉，丟到撒了鹽的滾水中，葉子立刻轉變成墨綠色，撈起濾掉水份，涼了之後，又成斤成斤地分裝到保鮮袋裡，放入冷凍櫃裡，等待我的心情。

　　當我需要放鬆心情，卻又必須盡為人妻母的神聖煮婦使命時，就取出一袋葡萄葉，放到溫水中沖一番，濾去水備用。再把絞肉拌和白米、洋蔥、荷蘭芹、百里香、胡椒粉、番茄醬、鹽巴作成的餡料擺在一邊。這時放捲錄影帶，坐在電視機前，撐開一片片巴掌大的葡萄葉，去掉葉梗，放點餡料像捲春捲般捲成一根根指頭大的米肉葡萄葉卷。能想像得出那番樂趣嗎？一片片葉子在巧手的運作中，轉化成一根根綠指頭，再擺放在鍋裡，澆一杯清水，上頭倒覆個落蓋，煮個三十分鐘。在一股葡萄葉香與肉香的揉合中，想像著親愛家人入門的喜悅，身在異鄉的我知道這才是我構築的家。

　　想仿作綠手指時，可要記得葡萄葉光滑的一面得在下邊。否

則，就像我頭一回做了之後打電話問婆婆的一樣：「怎麼我做出來的顏色沒有您的亮綠？」

　　土耳其鄉下有種有孔陶鍋蓋是用來壓製泡菜的，還有煮葡萄葉卷時壓在上頭，免得葡萄葉卷在鍋裡浮來浮去，我查了在臺灣和日本稱這種東西叫落蓋，許多土耳其太太并不知道有這種東西，有次出遊時，無意間在販賣地方特產的店裡看到，當我買的時候，有位太太問我那是用來作什麼？我告訴她之後，她大驚說自己是土耳其人竟然都不知道有這東西，馬上為我的博聞多識作宣傳，結果每個

土耳其市場出售的腌漬葡萄葉，紙上寫著：給訂婚少女們的絲手絹。市場小販用絲手絹來形容他賣的腌漬葡萄葉。（攝影：高麗娟）

人看到我都問候我的陶落蓋好，這是土耳其人的習俗，獲得了什麼好東西，知道的人就會關心地祝福你使用得順手。

　　土耳其菜中的葡萄葉卷還可以使用大葉菠菜（Pazı）或者卷心菜（lahana）來包裹，這類包裹的菜叫做sarma，意思是包裹。而同樣食材填塞在挖空的青椒、茄子、番茄、西葫蘆，甚至洋蔥、大蔥裡的就叫做dolma，意思就是填塞。

　　填塞的米肉餡料通常是白米一杯、洋蔥一大顆、荷蘭芹一把、薄荷粉一茶匙、香料一茶匙、胡椒粉一茶匙、番茄醬一大湯匙、紅椒醬一湯匙、鹽巴、絞肉400公克。如果用青椒要選小一點的，把裡面的籽挖空，用指頭抹點鹽在內部，把餡料塞九分滿，蓋上連皮的番茄塊。如果用番茄，就把番茄挖空，裡面的番茄肉留著加水放在鍋底，然後把青椒、番茄、葡萄葉卷都放入鍋子，水加到齊頭，用大火煮開後，中火煮約二十分鐘到半小時，看各人喜歡。葡萄葉較慢熟，一般放鍋底，這是混在一起煮的，比較多變化，也可以分開煮。西葫蘆或者茄子也都是依法挖空內部，把餡料塞入後，用番茄塊塞住口，然後加水和番茄肉或者一匙番茄醬煮半個小時。

　　土耳其的包裹菜和填塞菜，餡料是米與肉的，屬於熱食，作為主菜食用。另外，有不加肉，只用橄欖油炒米飯來當餡料的，一般就當作開胃涼菜，或者下午茶時的鹹點心，屬於素食，這時青椒就選大的，葡萄葉卷也得比較長。

　　用橄欖油炒米飯是有訣竅的，沒有掌握竅門，作出來的內餡就不夠香甜，米飯的熟度也考驗著土耳其婦女的廚藝。祇放米飯的包裹菜或填塞菜，最關鍵的是要用很多洋蔥，一大碗的白米，可以

▌葡萄葉卷示範動作（攝影：高麗娟）

用五六顆洋蔥。材料還有松子和黑醋栗，黑醋栗又叫黑加侖，是土
耳其和希臘菜中常用的一種類似葡萄乾的果實，比一般葡萄乾小一
半，皮較厚，較甜。首先在鍋裡放橄欖油，加入一把松子炒到變
黃，加入剁碎的洋蔥丁，炒到有點兒透明，就加入米和小黑醋栗、
鹽和薄荷粉，不停翻炒到米有點熟，但是飯粒中間還是硬的，就熄
火蓋上鍋蓋讓米燜到涼。

　　等飯涼了以後，用小湯匙將飯填入青椒等或者用葡萄葉等包裹
成卷狀，然後放入鍋子裡，加一倍半的熱水，上頭放個落蓋，用中

火煮開轉小火煮二十分鐘左右，等涼了以後才吃，土耳其人一般吃時會擠點檸檬汁。大量的洋蔥炒出的米飯，加上松子、黑醋栗和薄荷粉，在葡萄葉和青椒中的相互融合，入口香甜清爽，是夏天的開胃好菜。

用青椒、番茄、茄子、西葫蘆等填塞米飯或者米肉，用葡萄葉、卷心菜葉、大葉菠菜包裹米飯或者米肉之外，土耳其還有用黑海特產的小魚鯷魚烹調的鯷魚包飯。

這道菜分成兩個部分，一是鯷魚的處理，二是裏面包的飯。手指大的鯷魚用手把頭招斷，連同內臟和魚刺一拉就拔掉，然後壓平，一公斤的鯷魚夠做六人份的鯷魚包飯，把處理好的鯷魚洗淨瀝乾備用。大米兩杯先用溫水加鹽浸泡三十分鐘。一顆洋蔥去皮切丁，用橄欖油炒了之後，加入米翻炒，然後加入松子、黑醋栗、薄荷粉和一種土語叫新春天的香料（Yeni Bahar，也稱牙買加胡椒），最後加入剁碎的荷蘭芹和蒔蘿，全部混炒以後放入兩杯半的熱開水，還有半個檸檬汁，然後蓋上鍋蓋，小火煮十五分鐘左右，關火拌開就是內餡燉飯，放涼備用。

接著在一個玻璃烤皿塗上奶油，上面撒點鹽，把洗淨瀝乾的鯷魚，皮朝下，肉朝上，一片接一片的鋪好，烤皿旁邊的一圈要露出烤皿外，等下才好包飯。上面也是撒點鹽。然後在魚身上鋪上煮好的香草燉飯，接著先將旁邊預留的鯷魚片往裡面包，然後再把剩下的鯷魚肉朝下，皮朝上地鋪上去，將飯整個覆蓋起來，上面放上一些奶油丁，就可以送入烤箱，烤箱不必預熱，200度烤40到50分鐘，原則上烤到外表香酥金黃即可。拿出來以後，拿一個大平盤，

蓋在玻璃烤皿上，戴上隔熱手套，把鰻魚包飯倒扣在平盤上，旁邊只需準備生菜沙拉，就是一道宴客好菜，外面的鰻魚酥脆肉嫩，裡面的米飯香軟可口。

6. 土耳其茶道

蔡文琪

　　茶發源於中國的南方，在六世紀時，日本人從中國引進茶種並逐漸發展出屬於日本人的茶道。至今，日本人已完全離不開茶，甚至上升到了民族身分認同的地步了。

　　人類學家美野輪裕子，研究日本人對茶的態度，發現大多的日本人都說他們無法想像生活中如果沒有茶，會是什麼樣子！

　　茶第一次出現在歐洲是1610年的荷蘭。中國的茶加上精美的瓷器，如此富有異國情調，迅速掀起了歐洲人喝茶的風潮。1657年一個叫Thomas Garraway的英國人在倫敦開了第一家茶行。Sarah Rose在《中國茶》一書中詳盡地描寫了大英帝國是怎樣處心積慮地把茶

種從中國偷走並移植到印度的歷史。茶葉太珍貴，加奶吧。逐漸地英國人有了自己的茶道：銀製的茶具、茶壺、糖罐、奶罐、茶杯、湯勺、茶几、桌布，成為英國上流階層日常生活不可或缺的一部分。

在歐洲，可以說茶與貴族離不開。

位於絲綢之路西端的土耳其當然對茶也不陌生，不過一開始也只限于在鄂圖曼帝國王公貴族間的生活調劑。土耳其人開始種植茶葉一直要等到共和國成立（1923）後。第一次世界大戰之後，土耳其經濟凋敝，政府經過大量調研工作之後決定在北邊的黑海，海拔較高而且潮濕多雨的Rize地區種植茶葉，1947年成立了國營茶葉工廠向農民保證收購茶葉。很快地土耳其人的生活裡離不開茶了；早上要喝了茶才有精神上班，下午要靠茶來提神，朋友來了茶點招待，晚餐後不消說也要喝杯茶才去睡覺。還好土耳其黑海產的茶葉足夠內銷，不然依土耳其人的喝法，進口茶葉可是筆龐大的外匯支出。

土耳其茶是熟紅茶，煮法也特別，用一大一小上下疊起來的母子壺，母壺裝開水，子壺裝茶葉，母壺的水燒開後倒三分之一至子壺是為茶鹵，依茶葉的種類，小火煨煮約半小時之後再濃淡隨人加添。熱騰騰的，深紅色的茶裝在小小的，晶瑩的，有著小蠻腰的玻璃杯裡。有種較大的杯子被稱為阿吉達杯；以七〇年代開始走紅，有著細腰圍的歌星AJDA（PEKKAN）命名，玻璃杯下的小碟上放了兩個小方糖，擺個小勺子供攪拌。從玻璃杯到碟子，從材質到設計都顯示出使用者的品味與階級。在土耳其最有名的茶具店是一家叫Pasabahce的老牌連鎖店，店面裝潢的十分雅致。

　　在土耳其無處不喝茶，除了工作單位，去美容院，工藝品店，地毯店，銀行等地方，奉茶是基本的禮儀。有些土耳其人喝茶是一種癮，「重度上癮的」把茶當水喝，一天可以喝上好幾十杯。有的按作息，類比禱告，一天喝五次，分別是早餐，午餐之前，午餐之後，下午茶，晚餐後。從消費的方式也可以明顯地看出性別的不同，女人大部分在家及工作單位喝茶。男人喝茶的地方就多了，待業，無業，退休的男人經常在茶館喝茶，侃大山消磨時間。土耳其各個機構單位，每個單位，甚至每一層樓都有個專門煮茶的房間，有專人負責送茶，是名副其實的茶房。每次給茶錢太麻煩，遂有了茶票，買一杯茶給茶房一張票，到了發薪水的日子茶房再依票算帳。還記得初到土耳其學習土語時，下課時來自各個不同國家，白黑黃等各色人種在教室走廊上喝茶，說著半生不熟的土語，是茶促進了大家的友誼。

　　至於在家裡請客或者去別人家做客，整套的土耳其式茶道是這樣的：首先主人在玄關處迎接客人，讓客人換上脫鞋；雙方進入客廳；客人在前，主人在後，坐下之後，互相寒暄問好；你近來可好，你父母近來可好，你孩子近來可好，聊大約半小時之後，有些老派的主人會問客人要不要先來杯咖啡，如果你說好，那沒有四小時是走不出門的。

　　這時的主人，通常是女主人，開始去廚房燒水煮茶。在美國客人坐下沒多久就被問想喝什麼？這在土耳其是被視為很不禮貌的，怎麼？你迫不及待地趕我走？主客繼續聊天，女主人得空去廚房端出茶點，鹹的，甜的，擺滿一盤，客人看了這光景後悔應該餓上幾天再來喝茶的。茶點放在客人身邊的小桌子上，方便客人就食。小桌子上最好擺上女主人自己鉤的小桌巾，這小桌子叫做子貢（zigon），通常一套四個，不用的時候層層疊起來不占空間。煮個茶至少半個小時，等茶與茶點都上齊的時候，看看錶，一個小時已經去了！繼續聊天，茶杯那麼小，只見女主人在廚房與客廳之間來回走動添茶。嫁來土耳其的尤其是跟公婆住一起的華僑太太，提到端茶就恨得牙癢癢的。還是英國人聰明，只把「哪天來我家喝茶」掛在嘴上卻很少真正請客人來家喝茶。

　　茶來了！熱騰騰的，深紅色的茶裝在小小的、晶瑩的，有著小蠻腰的玻璃杯，用手掌感覺茶的溫暖，從手到口，土耳其茶還沒下肚就先溫熱了你的心，再說聊了一小時也有點口乾舌燥了，就再花個兩小時慢慢消化那滿滿的一盤茶點吧，這還沒提到茶點之後還上水果呢！

土耳其茶點

釀文學202　PE0111

 餐桌上的歐遊食光

作　　者	歐洲華文作家協會
主　　編	麥勝梅
編　　輯	黃雨欣、朱頌瑜、穆紫荊
責任編輯	盧羿珊
圖文排版	楊家齊
封面設計	蔡瑋筠

出版策劃	釀出版
製作發行	秀威資訊科技股份有限公司
	114 台北市內湖區瑞光路76巷65號1樓
	電話：+886-2-2796-3638　傳真：+886-2-2796-1377
	服務信箱：service@showwe.com.tw
	http://www.showwe.com.tw
郵政劃撥	19563868　戶名：秀威資訊科技股份有限公司
展售門市	國家書店【松江門市】
	104 台北市中山區松江路209號1樓
	電話：+886-2-2518-0207　傳真：+886-2-2518-0778
網路訂購	秀威網路書店：http://www.bodbooks.com.tw
	國家網路書店：http://www.govbooks.com.tw
法律顧問	毛國樑　律師
總 經 銷	聯合發行股份有限公司
	231新北市新店區寶橋路235巷6弄6號4F
	電話：+886-2-2917-8022　傳真：+886-2-2915-6275

出版日期	2016年10月　BOD一版
定　　價	450元

國家圖書館出版品預行編目

餐桌上的歐遊食光 / 歐洲華文作家協會著. --
一版. -- 臺北市 : 釀出版, 2016.10
　　面 ；　　公分. -- (釀文學 ; 202)
BOD版
ISBN 978-986-445-138-8(平裝)

1. 飲食風俗　2. 歐洲

538.784　　　　　　　　　　105013266

讀 者 回 函 卡

感謝您購買本書，為提升服務品質，請填妥以下資料，將讀者回函卡直接寄回或傳真本公司，收到您的寶貴意見後，我們會收藏記錄及檢討，謝謝！
如您需要了解本公司最新出版書目、購書優惠或企劃活動，歡迎您上網查詢或下載相關資料：http:// www.showwe.com.tw

您購買的書名：_____

出生日期：_____年_____月_____日

學歷：□高中 (含) 以下　　□大專　　□研究所 (含) 以上

職業：□製造業　□金融業　□資訊業　□軍警　□傳播業　□自由業
　　　□服務業　□公務員　□教職　　□學生　□家管　□其它_____

購書地點：□網路書店　□實體書店　□書展　□郵購　□贈閱　□其他

您從何得知本書的消息？

　□網路書店　□實體書店　□網路搜尋　□電子報　□書訊　□雜誌

　□傳播媒體　□親友推薦　□網站推薦　□部落格　□其他_____

您對本書的評價：(請填代號　1.非常滿意　2.滿意　3.尚可　4.再改進)

　封面設計____　版面編排____　內容____　文／譯筆____　價格____

讀完書後您覺得：

　□很有收穫　□有收穫　□收穫不多　□沒收穫

對我們的建議：_____

_____

_____

_____

11466
台北市內湖區瑞光路 76 巷 65 號 1 樓

秀威資訊科技股份有限公司 　　　收

BOD 數位出版事業部

....

（請沿線對折寄回，謝謝！）

姓　　名：_____　　年齡：_____　　性別：□女　□男

郵遞區號：□□□□□

地　　址：_____

聯絡電話：(日) _____ 　(夜) _____

E - m a i l：_____